# 〝やまとをみな〟の女性学

女性が輝く時代

学校法人大妻学院 顧問
花村 邦昭

三和書籍

# まえがき

「女性が輝く時代」、「男女共同参画社会」が提唱されていますが、論議されるのはもっぱら、女性管理職の比率をいつまでに何%にするとか、労働時間をどう短縮するかとか、あるいは待機児童の数をどう減らすかとか、など目映りのよい数値目標が掲げられるばかりで、それにはいまの仕事の進め方をどう変えねばならないかとか、組織文化をこう変革すべきだといったような肝心の問題についてはほとんど踏み込んだ議論がなされていないのが実状です。本書はそこに一石を投じようという意図をもって書かれました。

第Ⅰ部の「〝やまとをみな〟の系譜」では、たおやかで逞しい日本女性の系譜を歴史上にたどりながら、〝やまとをみな〟の現代的意味を良妻賢母論（広くはジェンダー論）の観点を踏まえつつ考えます。社会有用の存在として職業生活を立派に営みながら同時に家政も見事に宰領している女性たちに焦点化した現代社会論がここでの主眼です。

第Ⅱ部の「〝やまとをみな〟による組織文化の変革・刷新」では、その働きによって企業の組織文化がどう変わるか、変えることができるか、そのなかで「輝く女性」たちが担う役割は何なのかについて見ていきます。要素還元主義に立脚する〝機械論パラダイム〟の行き詰まりを超克するパラダイムとして包括生成主義に拠る〝生命論パラダイム〟がそれに理論的根拠を与えます。

第Ⅲ部の「〝やまとをみな〟の仕事ぶり」では、「輝く女性」の具体例をできるだけ幅広く日常の仕事現場に見ていきたいと思いますが、「女性が輝く時代」がまだ理念的な提唱の段階に止まっている現状では、これはむしろこれからの課業ということになります。本書では、そのやさしくふくよかな女性らしい仕事ぶりを聖徳太子の『十七条憲法』を下敷きにしながらラフデッサンしてみました。読者の皆さまから現場での実践事例が数多く寄せられるのを期待しています。

〝やまとをみな〟とは誰か・・・やさしく、強く、たおやかなで、ふくよかな日本女性の表徴である「やまとなでしこ」、「やまとだましひ」の体現者・・・そう、それは〝あなた〟です。

〝やまとをみな〟の女性学 ―― 女性が輝く時代　目次

はじめに

# 「輝く」とは

いま「女性が輝く時代」と言われる。「輝く」とはどういうことか。

政府が掲げる「男女共同参画社会」の政策目標を、「２０２０年女性管理職比率30％」という数値目標に置き代えて、あたかも「管理職」になることが即「輝く」ことであるかのごとく理解している向きが多いようだがけっしてそうではない。「輝く」とは男女を問わずそれぞれが所を得てその存在感を存分に発揮でき、そのことが周りから正当に評価されることを言うのであって、地位やポストとは関係がない。下手をすれば「輝いている・いない」と恣意的なレッテル貼りによってそこに新たな差別相を持ち込むことになりかねない。何かの事情に絡まれて今はくすんでいる管理職もいれば、新入社員で生き生きと輝いている人はいくらもいる。

要するに、「女性が輝く時代」とは、女性がその特性を存分に発揮できる場と機会が十分かつ周到に用意され、その成果が誰もが納得するかたちで適正に評価され、それに相応しい処遇が組織体制的に保証され、その結果、本人だけでなく周囲の皆が安んじて全員参画の協働体制を組成でき、そこに明るく湧き立つような職場が生まれる、そういう時代の到来が望まれる（残念ながら未だ希望の段階に止まっている）というのがその主意であって、このことは当然のことながら男性についても言えることであって、いま謳われている「男女共同参画社会」はその表徴なのである。

そのために先ず手掛けられるべきは「女性が輝く」ことができるような「組織文化」をどう創生・構築するかである。仕事の中身や勤務環境・労働条件、組織運営や管理体制をいまのままにしておいて、たとえば∧指示・命令・管理・統制に主眼を置く統帥型リーダーシップに過度に依存する組織文化（男性性原理に傾斜している）〉を変革することなく、ただ「女性管理職の数だけを増やす」ことだけを目指すなら、いま以上に過重な労働負担を女性一般（特に管理職候補者予備群）に強いるだけであって何の意味もないばかりか、かえってマイナスの効果しか生まない。

問われているのは、〈相互理解・相互支援・相互学習・相互信頼に基礎を置く協働体制が全組織的に編成できている組織文化（女性性原理に傾斜する）〉への変革である。目指すべきは「女性管理職の比率」など員数合わせではない。それは結果であって、真の課題は端的に言って経営者をはじめとする経営幹部層の意識改革であり、それによる「組織文化」の変革・刷新である。そのための起爆剤となるのが「女性の活躍」なのである。

「組織文化」を変革するに際して最初に取り組まねばならぬのは、組織全体に蔓延っている〈プロセスよりも結果を重視する〝機械論パラダイム〟（男性性原理に傾斜）〉を脱構築して、〈結果よりもプロセスを大切にする〝生命論パラダイム〟（女性性原理に傾斜）〉を組織運営の中核に据え直すことである。〝機械論パラダイム〟とは、一言で云って〈全体は部分に分割可能であって、部分最適が実現するなら自動的に全体最適も実現するはず〉という「要素還元主義」に立脚するパラダイムである。それが通用する局面としては、たとえば機械的大量生産におけるマニュアル化された作業工程などが一応は想定されるであろうが、現実にはそこでも臨機応変の柔軟な対応が求められる課業は日常的に発生するのであって、むしろ組織運営上原則的に準拠すべきは〈全体と部分とは分割不可能であって、すべては相互作用し合う生成変化のプロセスとしてホーリスティックに捉えるべきである〉という「包括生成主義」の〝生命論パラダイム〟である。

要するに「女性が輝く時代」とは、組織内のあらゆる部署において〝機械論パラダイム〟から〝生命論パラダイム〟への〈パラダイム・シフト〉を起こそうという呼びかけであり、それによって、あまりにも機械論的計算合理主義に偏り過ぎてきたいわば「〝算術〟資本主義」(「市場原理主義に立脚した成長至上主義」はそれによって支えられる)を転じて、生命論的生活文化の発展向上こそが付加価値生産の源泉でありかつ究極の目標であるべきだとする「〝文化〟資本主義」(「人間的意味・価値の実現を重視する抱握的共生主義」を目指す)へと「資本主義」それ自体を原点回帰せしめることである。そうすることで現下の資本主義体制に「文明史的転換」をもたらすことである。

本書の目論見は、その〝生命論パラダイム〟を「女性が輝く」社会の実現という観点から、企業経営の根幹である「ガバナビリティ」、「マネジャビリティ」、「リーダーシップ」の三局面において検証しようとするものである。そして、それが実現できれば、組織内の各部署における日常の営みも「イシューレイジング」、「ソリューション」、「インキュベーション」という生命論的生成プロセスへと活性化されるはずである。

「女性」に焦点化する上は、ジェンダー論やフェミニズム運動が達成した成果を踏まえながら、わが国「女性史」の根源から現代におよぶその流れをわが国の文化伝統のなかにできるだけ幅広く探らねばならないが、その点については先学の事績を簡単になぞるに止め、むしろ本書では、〝やまとをみな〟(「やまとだましひ」の体現者だという意味で「男性性・女性性」の性差を超えて「人間性」の本源に立脚する）の系譜を引く現代の「女性」たちの働きを企業経営の現場においてどう賦活するかという一点に焦点を当てることとする。

副題を「女性が輝く時代—「輝く」とはどういうことか—」としているが、記述に当たってつねに念頭にあるのは、「女性の輝き」を通していかに「経営の刷新」を図るかである。それは同時に、わが国固有の「良妻賢母」論を現代において問い直すプロジェクトにも通じる。つまり、社会有用の「仕事」を多面的にこなしつつ「良妻賢母」の役割も十全に担い得ている〝やまとをみな〟たちの「輝き」によって、これからの社会に新たな次元がどう開かれるのかの実践をともなった展望である。「良妻賢母」論はいつの時代でも「女性学」の中心に位置づけられる。

『男女共同参画社会基本法』前文

「我が国においては、日本国憲法に個人の尊重と法の下の平等がうたわれ、男女平等の実現に向けた様々な取組が、国際社会における取組とも連動しつつ、着実に進められてきたが、なお一層の努力が必要とされている。

一方、少子高齢化の進展、国内経済活動の成熟化等我が国の社会経済情勢の急速な変化に対応していく上で、男女が、互いにその人権を尊重しつつ責任も分かち合い、性別にかかわりなく、その個性と能力を十分に発揮することができる男女共同参画社会の実現は、緊要な課題となっている。

このような状況にかんがみ、男女共同参画社会の実現を二十一世紀の我が国社会を決定する最重要課題と位置付け、社会のあらゆる分野において、男女共同参画社会の形成の促進に関する施策の推進を図っていくことが重要である。

ここに、男女共同参画社会の形成についての基本理念を明らかにしてその方向を示し、将来に向かって国、地方公共団体及び国民の男女共同参画社会の形成に関する取組を総合的かつ計画的に推進するため、この法律を制定する」

# 第Ⅰ部

# 〝やまとをみな〟の系譜

# 第一章　日本史のなかの〝やまとをみな〟

歴史記述は概して英雄物語として編纂されることが多いため、男勝りの烈女なら別として一般女性の活躍は表面的には見えにくい。しかし、わが国では古来、歴史を根底で支えてきたのはそのような庶民的〝やまとをみな〟たちであった。（以下の記述に当たっては、主として『紅と紺―日本女性史―』林屋辰三郎［朝日新聞社］を参照させていただいた＜原文をほとんどそのまま引用させていただいているところもある＞ことをお断りしておく）。

大化以前の氏族制社会は巫女の時代である。祭事の主役は女性であった。女性が家主で集団の主軸だった時代だったと言ってよい。男性中心の家父長制家族が成立する6世紀以降になると女性の地位は劣位に置かれるが、それでも女性は社会の中核を担う存在として生き生きと日常を営んでいたし、祭事やそこから派生する芸能の世界は依然として女性の領分であった。

律令制社会では巫女に代わって唐風文化の豊かな素養を身に着けた貴族の女性が登場する。仏の慈悲に心の安らぎを求める仏教信仰も彼女たちの中で育まれる。美術や工芸も彼女たち（渡来の才伎が主導的な役割を担った）の手仕事を通して発展する。宮廷の女官たちは料理や裁縫のほか文書の整理や出納に従事し、なかには兵器の調達や宮門の出入りを司る者もいたほどだという。受領の職務遂行を援けたのはその女房たちであった。国人の帰順にも女房は大きな影響力を持っていた。彼女たちは教養豊かで雅な応対もでき人間関係の機微にも通じていた。王朝女流文学の高度の達成には女房の存在があった。

概括して、古代・奈良・平安までは男女共同社会であった。妻問い婚では女性の家が主導権をもっていたし、嫁の持参した婚資は嫁自身が管理した。女房達も実質的に自立していたし、自分の意志で出家すらした。そこには自分の力だけを頼りに生き抜く女性の逞しさがあった。

中世の封建制武士社会になると婚姻や家督相続の方式が男性中心になってくるが、それでも大家族を主宰する家刀自の姿も一部には見えるし、親の一存で相手を決める武士の婚姻方式に対して、若者組や娘組など農業・漁業技術を習得しながら宿親が間に入って結婚をまとめることも行われた。郡司の妻たちの中にも生活力旺盛な女性がいたことが記録に残されている（〝猪手〟…郡大領の妻の話）。夫と妻は協力して所領を守った。所領知行権を陰で支え、家内管掌権を守るのは武士の妻の役割であった。

室町時代あるいは戦国時代から男性原理が覆いはじめるが、それでも桃山時代にかけて能力のある個性的な女性が多く見られる。政略結婚させられた女性たちの中には進んで平和の礎として積極的な働きをする者も現れる。江戸時代になると庶民文化のなかで教養の高い遊里の女性が現れたりもする。

近世以降になっても女性の存在感はいささかも薄れない。さまざまな「女性訓」が登場する。貝原益軒は『女大学』において、家父長制を維持することを眼目に女性は「その身を堅く謹み護るべし」

と貞淑さを要求するが、その『和俗童子訓』では封建的女性観とはいえ女性の社会的（労働力として産業社会の成立に資せしめるべく）自覚を促す点ではこれも〝やまとをみな〟「女性学」の系譜に属する。

『忠臣蔵』では崩れゆく主従関係のなかで封建道徳に殉じる浪士たちを励ます母や妻が登場する。享保以降になると、新しい経済道理とのせめぎ合いのなかで体制維持のために忠義や孝行の範として節婦が顕彰される。勁い〝やまとをみな〟の範型である。

熊沢蕃山は『女子訓』で、「男女の性別はあっても人間の心はみな同じである。男には虚勢を張る者がいるが、女にはうつけものはまれである」と言い、女徳として「知と愛を兼帯した貞節」を儒教道徳の最も優れた例として提唱する。

荻生徂徠も、室鳩巣も、武家の家風維持など旧い封建道徳を説きつつも〝やまとをみな〟たちの節義を武士も及ばぬ話として書き記す。

安藤昌益は『自然真営道』で、夫婦中心の家族こそが「自耕する社会」「自然世」であるとして実生活での男女平等を説く。そこでは〝やまとをみな〟は自然摂理の体現者である。

本居宣長は、雄々しさより女々しさの方にまことがあるとして、〝やまとをみな〟の主情主義的・女性的人間論を展開する。

井原西鶴は、所帯大事に夫や父とともに家業に精を出し、勤勉と倹約によって財産を作っていく女性を描き出す。言葉つきや着物の着こなしも上品で、気立てよく教養豊かで、芸事もうまい女性が理想の女性とされる。智慧は足らなくても、つらい役割を進んで引き受ける女性の見事な勇気を評価する。これら庶民的女性も〝やまとをみな〟の系譜をひく。

江戸の中期からは、町人の娘たちの間で、琴、三味線、常磐津、清元などの稽古事が流行する。それは良縁を得るための条件であったとはいえ、母親たちは身を労して娘を師家に通わせた。歌をよくする文人で茶店を開く女性（〝梶〟とい女性）、若者があこがれれた水茶屋の美しい女性（〝お仙〟という娘）、俳諧を庶民へと普及させる女性（加賀の千代女）、賀茂真淵門下の三才女（鵜殿余野子、土岐筑波子、油谷倭文子）と呼ばれた古今集風の歌人たちがその中から輩出する。これらはみな〝やまとをみな〟の源流に掉さす女性たちである。

19世紀の前半、文化文政期になると、武士の町人化に伴って男性の女性化が見られるようになる。町人社会では家事と家業では女権が強く、夫はおだてられて妻の手伝いをさせられる始末となる。文芸の世界、遊芸、芝居、物見遊山では男性の女性化はなおさらである。この町人文化を支えたのが〝やまとをみな〟たちである。

19世紀の深刻な農村荒廃、凶作と飢饉、そのなかでの農村復興、農家副業や商品生産の発展、ここでも女性たちが独創性と丹念な粘り強さを発揮し、今日に至る全国各地に伝わる裁縫手工芸文化の源流を形成していく。ここでも〝やまとをみな〟たちがしたたかさを発揮する。

明治維新はそれまでの女性主導文化に対する反動かのごとくである。明治新政府の富国強兵、忠孝一如、男尊女卑、夫唱婦随などの儒教的イデオロギーによって、男は男らしくの男性原理が時代風潮となる。つれて、女性サイドからも貞女、賢母が提唱される（只野真葛）。女性は重要な労働力として動員される。同時に家事管理者としての基本的心構えも要請される。一家を支えるだけでなく、村共同体を支える役割も背負わされる。その中で、女性たちは知恵を働かせ、余剰を産み出し、ときに行商し、産業資本の原始的蓄積過程に一役買っていく。中には、倒幕運動に名を残す女性も現れる（梁川紅蘭、高場乱、松尾多勢子）。志士たちを支える玄人女もそこから出てくる（高杉晋作の妾〝オウノ〟、久坂玄瑞の〝お辰〟、桂小五郎の〝幾松〟、大久保利通の〝お勇〟、井上門多の〝君尾〟、坂本竜馬の〝お竜〟、伊藤博文の〝小梅〟など）。いずれも〝やまとをみな〟のれっきとした末裔たちである。

〝やまとをみな〟の本源を明治に甦らせたのは吉田松陰である。武士の子女に男子同等の学校教育をしようとして設立した女子専門教育の「女学校」がその母体である。良妻賢母教育がその柱であった。「節烈果断」「節母烈婦」あってはじめて孝子忠臣（主命にそむいても大義に生きる革命的人間）が出るとする。太田垣連月尼や野村望東尼、松尾多勢子などは危機の時代を真っ当に生き抜いた〝やまとをみな〟の元型である。

戦中・戦後の混乱期にわが国の経済・社会を根底で支えたのは銃後の女性たちである。反戦・平和の担い手もまた女性たち（若者とともに）であった。これらもまた〝やまとをみな〟の正統を嗣ぐ後継者である。

このように、わが国の古代以来の歴史の中でその最も良質な部分は奈辺にあるかを源流に遡って尋ねていけば〝やまとをみな〟の伝統に行き着く。それは伏流水となって現代社会をも根源的に潤している。「女性が輝く時代」とはそれを地上に奔流のごとく溢れ出させせんとする企てであり、その呼びかけである。いまや「男女共同参画社会」「女性主導社会」さらには「女性が輝く時代」へと世界回転軸は大きく傾斜しつつある。問われているのは、洞察力と覚悟をもってするそのための勇気ある跳躍である。

# 第二章　現代を生きる〝やまとをみな〟

近現代における〝やまとをみな〟の元型を学校法人大妻学院の創立者である大妻コタカに見る。以下、大妻コタカの言述のなかで〝やまとをみな〟の清冽な流れを汲むものを箴言風にいくつか列記する。いずれも大正および昭和初期から中期にかけて学内誌や雑誌等に寄稿した文章であるが、けっして古びておらず現代にもそのまま通用する。

## 〝やまとをみな〟の覚悟

① 「自分のなすべきことはかならず自分で仕遂げて、人の厄介にならないという覚悟が必要です」。

「実を挙げることによって自らの存在を明らかにすべきです」。

②「真実に人類を愛し、真実に自己の精神を物質から解放し、にっこり微笑んで犠牲に甘んじる覚悟が必要です」。

③「自分に対する信頼感、自己の発表意欲といったものを身につけて、せめて若い時代には、大いに外に向かって自分を進ませてみる必要があります」。

④「これからの婦人はいま少し意地が強くあってほしい。強い意思と努力が必要である。「一つやってみよう」という興味も動かされていく生活にこそ面白みもある」。

⑤「いつも心に理想と希望を持て。そして実行は足許から」。

## 〝やまとをみな〟の心意気

⑥「不断の修養によって判断力を養い、事毎に判断して正しいと信じたことの為には、どんな迫害や誘惑があろうとも真実勝利が得られるまでにっこりと耐え忍んで最後の勝利を得るという強さがなければなりません」。

⑦「自ら省みて愧じるところがなければ、たとえ狂と言われ、賊と呼ばれようと何ら意に介する必要はない」。

⑧「強く、正しく、清く、明るく、美しく、そして匂いやかであれ」。「いつもなごやかな女性らしさ、ふくよかな女性らしさを失わないように心したいものです」。

⑨「失敗しても失敗しても幾度でも立ち上がって努力することです。希望や理想は、人間性が向上するにつれて次第に大きくなるものです。いつもその先をみつめながら歩きましょう」。

⑩「口の人より手の人になってください。静かな実行家になってください」。

## 〝やまとをみな〟の仕事術

⑪「私共がこの世の中を愉快に暮らしていくためには、いつも、何かせずにいられないという、生き生きした心持を続けていくことが必要です。する仕事がなくなったら、積極的に仕事を作って働いてください」。「仕事に追われることなく、仕事を追ってゆく前向きの姿勢をもって日常を過ごしてゆくよう心掛けてください」。

⑫「どんなにむずかしい仕事にも体当たりしてゆけるその勇気が世界を向上させ、人類を幸福にさせ、また自分自身のための幸福を創る上にも必要です」。「晴れ晴れとして喜びに満ちた自己を見出す、仕事の尊さはここにあります。身軽に元気よく働いて下さい」。

⑬「熱心な研究心と、社会に対する周到な洞察力と、女性としての使命を完うする身体の壮健とこの三つはいずれの婦人にも必要で、将来皆様がいずれの方面にお立ちになるにしてもこの三要素は、肌身を離さず保持していただかねばなりません」。

⑭「周囲の人々から慕われ懐かしまれるものは、知識ではなく、地位でもなく、もちろん財産でもありません。ただ愛の力のみです。人に、物に、事に愛情を持つことです。もっと深く、高く、

強く持ってもらいたいのです」。

⑮「焦らず、休まず、怠らず、いつも同じ調子に不断の努力を続けて、一つひとつ真実のものを築きあげて行きましょう」。

## "やまとをみな"の社交術

⑯「卒業後の皆さんが、その社会において、よく融和し、隣を愛し、隣を益し、隣と共に栄えることに努められるよう念じています」。

⑰「褒め合うことは人生の宝。お互いに褒め合って爽やかな生活を楽しみたいものです。自然に褒め合うようになったら、どんなに素晴らしいことでしょう」。

⑱「健全な社会の実現に努める四海同胞のよき地球市民にして賢い消費者であれ」。
「婦人の消費という手数を掛けてはじめて明るい生活がもたらされる。消費は無限の生産を含んでいる」。

⑲「狭い国内に蟄居して、引き込み思案に耽っている秋ではない。大いに活快進取の英気を養わねばならぬ」。

⑳「井の中の蛙であってはならないが、そうかといって、外国崇拝のあまり、これのみにたよることなく、じっくり消化する時間も欲しい。そして日本的なよい面を逆に、世界に発表してもらいたい」。

ここに謳われているのは〝やまとをみな〟の「やまとだましひ」そのものである。高い理想―深い心、強い志―高貴な魂、豊かな才知―手練れの技芸、そしてその中核にあるのは秀でた精神―才幹である。ここには猛々しいだけの強い直情はない。あるのは優にやさしい柔和な心根である。「ますらおぶり」と「たおやめぶり」の兼帯（それが「やまとだましひ」）から「きっぱりとしたいさぎよさ」「清らかな高潔さ」「愛とやさしさ」「頼りがい」などが生まれる。現代において求められるのは、この「やまとだましひ」（勝れた実務処理能力）の持主たる〝やまとをみな〟である。大妻コタカは自身の後継者たる〝やまとをみな〟たちに向かってこう呼びかける。

「人生文化における真の進歩と発展には、絶えざる新しい飛躍と創造が必要です。古い文化の基礎に立ちながら、新機軸を生み出しつつ勇躍飛躍を加えることに進化の意味があります。古いと思われることが実は新しいことであり、何でもないと思われることが実は大切なことであることを八十二歳のこの年齢になって知りました。もういちど足許を見つめて、良いものを失うことのないように、豊かな日本人を作り、日本の社会を充実させていきたいと思っています」。「私は随分あらゆることに頑張って生きてきたつもりですが、今になってふりかえってみますと、もっと自分を試みるべきだったと悔やむことが沢山あります」。「仕たらぬ仕たらぬと思う心こそ、あらゆる道徳の実行力を生み出す泉です」。「今の私の心にはひたすらな祈りがあるのみでございます。有りの儘なるこの心持ちを大自然の前に繰り展げて偉大なる神様の御手におすがりする、そして私の力の精一杯を神様に御使い頂くという気分で充たされております」。

『岩波古語辞典』によれば

＊「をみな」――接頭語ヲ（小）とオミナ（成人の女）との複合か。古くは美女・佳人の意であったが、後（平安時代以降）音変化してヲウナ・ヲンナに転じると、女性の一般名詞となる。「をみな」（＝ヲンナ）／「をとこ」（＝ヲトコ）」が対。古くは「をとめ」／「をとこ」が対。ヲトは若い生命力が活動すること。メ（女）、コ（男）。

＊「おみな」（媼＝オミナ）の対は「おきな」（翁＝オキナ）。オは接頭語、ミは女性（イザナミ）、キは男性（イザナキ）、ナは人。「おみな」は成人の女。年のいった女。「おきな」は和文脈では「老人」、「年より」。漢文脈では敬意をこめて「古老」。

＊「たをやめ」／「ますらを」は対。「たをやか」は重みでしなっているさま（「たわやか」）、たわんでいるさま。「ますら」はすぐれていること。ラは状態をいう接尾語。「ますらを」は立派な男子。

# 第三章　〝やまとをみな〟の「良妻賢母」論

「良妻賢母」という家族規範は、１８７０年代から福沢諭吉や中村正直らの啓蒙思想家によって紹介され主張されたものであるが、９０年代になると国家体制を整えるイデオロギーとして具体的内容を伴いながら支配的になっていき、１９００年代に入ると女子中等教育の整備とともに社会的基盤、つまり、明治新体制や新政策を積極的に受け入れ、時にはこれを間接的に作り出していった市民（主婦）たちの主体的対応の基盤となっていく。

巌本善治は「女学雑誌」で、伝統的な「家」を忍耐と隷従の支配する所と批判し、夫婦は平等で愛情によって結ばれ、家族団欒を築き、性的役割分担のもとで妻は内助の功を尽くすべきと主張する。妻は夫の助け手、慰め手となると同時に高い教養をもって独自の立場から家政や家庭の改良（料理や育児、家計管理や健康管理、衛生管理を含めて科学的「家政学」）に積極的に取り組むべきものとされる。巌本は明治女学校での実用教育実践に功あるもその「自己犠牲」という規範はその後の戦争協力への「転向」をもたらしたと後に批判される。

下田歌子は、家庭は国家のためにあるとして家事全般にわたって儒教道徳を強調する。「完全なる国民としての婦人となる」ために「良妻賢母」でなければならないと説く。中間層以上の女性たちにとっては「良妻賢母」はアイデンティティの柱であり、社会的国家的要請であり、体制的イデオロギーとなるが、一方、下層の民衆にとってはそれは羨望でありコンプレックスの因となる。しかしいずれにとっても、私事である家事は公事に準ずる領域として国家的な点検対象とされ、女性たちは「女らしさ」の規範に縛られることとなり、近代家父長制の秩序維持を引き受ける役割を自ら抱え込んでしまうこととなったと後に批判される。

それに対して、与謝野晶子は「忠君愛国」の偽善性・脆弱性を突き、男性支配社会のイデオロギーとしての「良妻賢母」を激しく批判する。女性を一面的にしか見ない「良妻賢母」「母性偏重」に対抗して「女子の独立自営」を基盤にした自由で多様な分野での活動を呼びかける。傍ら、王朝の御代の「まことの心」への憧憬をもって女性的国家への転換を願望し、女性の解放と覚醒を求める。「我も人であるという自覚の下に女子の職能は単に妻としてのみでなく、精神肉体両方のあらゆる労働に由って、男子と協同生活が豊かにできること」を目指さねばならぬとする。「純正個人主義」と「世界人類主義」がその精神的バックボーンをなす。

平塚らいてうは、現下の結婚観念や結婚制度を批判するが、現実社会の中に自分の依拠すべき存在を見出せず「自分は新しい女である」と宣言することで自らの孤高を保持しようとする。「元始、女性は太陽であった」が彼女のアイデンティティを支える。晶子との間で闘わされた「母性保護論争」において、らいてうの「母性主義」を晶子が批判するのに対しては、「元来母は生命の源泉であって、婦人は母たることによって個人的存在の域を脱して社会的な、国家的な存在者となるのであるから、母を保護することは婦人一個の幸福のために必要なばかりでなく、その子供を通じて、全社会の幸福のため、全人類の将来のために必要なことである」と反論する。

いずれにせよ、〝やまとをみな〟の豊かな源泉は、国家意識の高揚をバネにし、ときにはそれに捉えられながら、あるいは、それを相対化しつつ、ときに拒否しつつ、ここ・そこにおいてその清冽な奔流の姿を見せる。女性が自ら参加した女権拡張運動（女子教育なども含めて）もその奔流のなかで起こったことである。一夫一婦制の確立、女子の政治参加、女性の家庭内の地位向上、新しい家族の創造、家庭生活の改良、などもそうである。なかでも、明治30年代（高等女学校規定および高等女学校令による女子教育体制の確立、女性教育者の輩出）の「良妻賢母」主義という理念を背景にした女子教育政策の進展には見るべきものがある。「良妻賢母」主義は、国家が女子に押し付けた家父長制規範としての「良妻論」の面が強調されがちだが、実際に重視されたのはむしろ「次世代の国民を育てる賢母論」の方であった。

これらの「良妻賢母」論に対しては、性別役割を固定化してその中に女性を閉じ込めるもの、あるいは、国家政策上の体制イデオロギーとして女性を国民に統合すべく押し付けられた規範であるとの批判が当時においてもエリート女性たちからなされた。また、下層の民衆のことや（ときにはそれへの蔑視観さえ見せる）、アジアの女性を抑圧する日本帝国の姿が見えていなかったという批判もなされるが、一般庶民はむしろ女性役割を通じて理想の生活や家庭（その下敷きとしてあったのは西欧の夫婦を中心とした近代家族「ホーム」という西欧モデル）を築くことに希望を見出して自ら進んでその奔流に身を投じた。

ただし、日本の「良妻賢母」主義には西欧のそれをはみ出した面がある。欧米では血縁集団内での家族的情緒と国家に対する忠誠感情とは明確に識別され両者の融合は考えられないが、わが国ではむしろその私的領域と公的領域との融合場面においてこそ真の「公共」概念が成立するものとの理解がある。国民レベルでの家族国家主義体制論（広義の「国体論」）や、企業レベルにおける大家族主義経営論（「終身雇用」「年功序列」「労使協調路線」などもそれと言われる）がそこから生まれてくる。国家サイドでもそれを利用しかつ主導する。日清戦争の経験から女性にも国家意識を求め、条約改正問題から女子にも日本人としての自覚を促すための精神作興として、また産業革命による女子労働力の動員に伴い労働運動を未然に防止するための布石として、それは国家的要請でもあった。その根底にはわが国固有の儒教的女性観もある。家長に従順な女子国民を作り、子孫繁栄のために身を犠牲にする女性を育む、などがそれである。しかし、それらの輻輳する流れをさらに遡れば「やまとだましひ」（宇宙摂理との共振の中で自らの役割を実務的に引き受ける才魂）を生きる〝やまとをみな〟の「いさぎよさ」（清冽な源流）に行き着く。

「良妻賢母」論にはジェンダー論、フェミニズム論から次のような反対意見が提示される。

・女性を無償の家事労働に縛り付けるための男性サイドの策略である、

・資本制を支えるイデオロギーである、

・男性による女性搾取のための家父長制的遺制に他ならない、

等々であるが、これらの批判に正面から向き合わないで「良妻賢母」論の旗を掲げ続けることはできない。以下は、コタカの「良妻賢母」論を敷衍するかたちで、これらの批判を踏まえつつ、なお現代に通用する「良妻賢母」論を模索する試みである。論点は次の二点に絞られる。

資本主義と家庭・家族

家事労働と家父長制

である。

## 資本主義と家庭・家族

資本主義はすべてを市場原理で覆い尽くそうとする傾動をもつ。資本主義体制下では家庭・家族も多かれ少なかれ市場原理に取り込まれる。現有労働力の鮮度を維持するための装置として、またその労働力生産性を拡大再生産するための社会的システムの一部（育児・家庭内教育、等）として、あるいはいつでも市場に動員できる労働力予備軍の兵站部門（パート、アルバイト、等）として、さらには次世代労働力の再生産基地（出産・保育、等）として、資本は家庭・家族を労働力再生産システムとして何とか体制内に組み入れようとする。こうしてやがて家庭・家族は資本主義体制にとって欠かせない一部門へと編成されていく。そのためには一定のコストがかかるが、その必要コストは各家庭・家族が分担するだけでなく、体制維持のための必要コストとして個別資本も総資本も応分の負担をする。賃金のなかに所帯維持費用相当分を含ませたり、貧困家庭へ社会補償支給を行ったり、子供手当や学費補助などを創設したりするのがそれである。国家や地方公共団体などによる保育所経営などもその一環である。こうして家庭・家族は資本主義体制下でなくてはならない社会的インフラ機能を持たされることとなる。

このような「女性学」サイドからの見解に対して、〃やまとをみな〃サイドから次のような反論がなされる。

＜家庭・家族は信頼と親愛、愛護と恩愛で結ばれた人間性原理がもっぱら支配する情愛共同体であって、市場原理はそこには及ばないし、また及ぼすべきではない。しかしながら当然そこには市場の風は吹き込む。したがってそこでは市場原理に則って体制化される家庭・家族と、人間性原理に立脚する情愛共同体としての家庭・家族との間に矛盾葛藤が生じる。市場原理では人を機能的な「個」として扱うが、人間性原理では人は人間的な「個人」として扱われる。そこには「個―個人」間の根源的な矛盾葛藤がある。この矛盾葛藤をどう解くか、原則的には各個々人が自らの智恵・才覚で日常生活の中で主体的に自己調停するよりほかない。各個々人の具体的な調停の仕方はそれぞれであってよいし、またそれぞれでしかありえない。マイホーム主義に逃避する者もあるだろうし、仕事人間に徹する生き方もあるだろうが、大方はその中間で何とか自分を宥めながら生きている。「やまとだましひ」にはその自己宥恕の諦念を含んだ「美学」がある＞。

しかし、資本（社会・組織）の論理は、その「美学」すらをも労働生産性向上のための資源へと回収しようとする。ジェンダー論的立場からすれば、いま提唱されている「男女共同参画社会」論もそのための資本サイドが仕掛けた策謀ということになる。

コタカの「良妻賢母」論にはその対立を撥無する「いさぎよさ」がある。曰く、

＜家政宰領者である「良妻賢母」たちの賢明な消費行動によって市場経済は支えられ、有職の「良妻賢母」たちの精励恪勤によって資本主義生産体制は保持される。一方では市場原理が家庭・家族のなかに浸透するのは避けられないとしても、他方ではなお人間性原理が支配する一家団欒の場としての家庭・家族にあって、豊かで高尚な情操と趣味の世界をどう開くかが問題である＞。

コタカは言う。「世の中のあらゆる生活に対して合理的、経済的の斧が打ち振るわれています。いやしくも不合理であること、不経済であるものは悪魔の如く排斥されます。人間でさえ非能率だという理由で仲間から忘れられていきます。すべてが度量衡検査員のようにしかめつらしい顔をした、所謂識者の秤にかけられます。そして合理的、経済的、能率的、そのいずれにも該当しない者は存在の価値なしとしてハネられます。それも結構ですが、情操の満足ということも大いに必要であります。否むしろ情操生活が私共の生活の大部分を支配するとさえ思われます」。「今日の住みにくい世相をあるいは資本主義社会の罪に嫁してその組織を呪ったり、あるいは機械文明の当然の帰結として科学万能の弊を鳴らす人も少なくないようであります。しかしながら今日の悪い世相の原因を全く自分以外の社会組織にばかり求めて、肝腎の自分自身の拙いところは棚に上げて敢えて問おうとしないのは、あまりに身勝手であり、かつ向上を願う者の採るべき道ではないと思います。私は寧ろその原因とし

て私共があまりにも物質文化を追うに急にして魂をお留守にしたことを挙げたいと思います。科学万能の上に築かれた物質文化は最早やそのいきつく所まで行きついたように思われます。私共の魂はその長夜の眠りから醒めて今ひたすらその曙をのぞんでやみません。魂の上に築かれる東洋流の文化、それは一見いかにも消極的に見えますが、寧ろ人間があくまでも物質文明を活用してゆける文化であることを信ずるのであります。先ず各自が久しく消したままに放ってきた魂の光明に点火することから始めねばならぬと思うのであります」。

「いま少し所謂無駄な方面を尊重して、もっとほがらかな、のんびりとした気持ちで国民一般が老いも若きも、男も女ももっと高尚な趣味を楽しむようにありたいと思うのであります」。

コタカのこのような複眼的視点を欠いた（科学万能の物質文化に主導された〝機械論パラダイム〟に則った）ままの「男女共同参画社会」論であっては、男性原理が支配する社会に女性がどうやって、どれほど参画するかという矮小化・歪曲化された問題へとすべてが貶められるだけである。

ここで言う男性原理とは言いかえれば「家父長主義原理」のことである。家父長主義原理は（男尊女卑・夫唱婦随などの性差別ならわが国近代家庭・家族のなかではすでに滅び去った前近代の遺風だと一応は言えるだろうが）意外にも現代企業の組織原理の根幹部分にいまなお深く浸潤している。たとえば、組織というものを「権力（権限と責任）の配分システム」と捉えて∧上からの指示・命令・管理・統制で全体を統御しようとする考え方∨などもそれに含まれる（世の「リーダーシップ論」のなかにもこの種の家父長主義的男性原理に依拠しているものが未だときに見受けられる）。

家父長主義原理は＜全体は部分に分割可能であり、そうやって分割された部分を再構成していけば、もとの全体が復元可能＞とする〝機械論パラダイム〟と通底する。しかしこの考え方には落とし穴がある。全体を部分に分割する際に大切な何かが抜け落ちる。だから部分を集めて全体を再構成したつもりでも、出来上がったものはもとの全体とは似ても似つかぬ代物に化けていることもありうる。家父長主義原理に浸潤された組織でも同じことが起こる。成員メンバーのさまざまな創意や工夫、小さな希望やあるいは願いなどに耳をふさいで家父長的権力者が自分に都合よく組織を一方的に統制しようとすればどうなるか、権力配分システムから排除されたり権力中枢から遠ざけられた者たちはやる気をなくし組織自体も正常な自己調律機能を失って権力亡者たちがただ蔓延るだけとなる。

では、〝機械論パラダイム〟に代わるにどんなパラダイムがあるか。それがわれわれが主張する〝生命論パラダイム〟である。＜全体は部分を不可欠の要素として含んでおり、部分も自らのなかに全体を映してはじめて部分たりうる。全体と部分は不可分であって、すべてを包括的に捉えることができてはじめて全体も部分も正しく機能させることができる＞というのがそのパラダイムである。生きた組織はみなそのようにして存在している。「良妻賢母」たちもそうやって生きてきたし、いまもそうやって生きている。

いま現代企業に求められているのは、組織をこのように生きた生命体としてトータルにホーリスティックに捉えることである。「やまとだましひ」の組織論とはこの〝生命論パラダイム〟による組織論のことである。

## 家事労働と家父長制

ジェンダー論では〈権力弱者である主婦に家事労働が無償労働として押しつけられた〉という言い方がされる。そして、その家父長的支配は近代資本主義の生産管理体制・組織運営体制に引き継がれたとされる。つまり、家父長制とは権力強者による権力弱者の支配機構一般の表徴だというわけである。この権力強者による支配機構を支えるのは男性原理であり、〈男性間の階層制度的関係と男性に女性支配を可能にするような男性間の結束が存在する一連の社会的関係（ハートマン）〉がその背景にあるとされる。〈人間同士の間では、権利や特権の配分において優位にある人間が劣位にある人間を支配可能にする優位者間の結束〉があり、〈劣位にある人間が必要な生産資源に近づくのを排除することによってそれが維持される（ハートマン）〉とされる。女性労働が安価な労働として動員され続けるのもその一環というわけである。

そして、〈近代家族制のなかにある家父長制的支配機構と資本制における家父長的支配機構とは互いに癒合・共扼・相互補完関係にあって互いにその利点をいまも利用し合っている、すなわち、家庭・家族関係に家父長主義的権力支配構造が残存していることによって近代資本制の権力構造は支えられ、逆に、資本制権力構造のなかにある家父長制原理によって家族制のなかの家父長制原理も支えられており、主婦の行う無償の家事労働が双方の構造を原理的に支えている〉というわけである。

これに対して〝やまとをみな〟サイドは次のように主張する。〈女性（母・妻）は家父長制的な権力支配機構に一方的に従属させられているのではない。一家の〝いのち〟の再生産はもとより、資本制生産方式ですら根底のところで女性（母・妻）たちの愛、献身、犠牲によって支えられている。女性（母・妻）は家庭を宰領する「良妻賢母」として自立しているだけでなく、国の形を根底で支えてきたのは、そしてこれからも支えていくのは、そのような勁い、逞しい、質実剛健な「良妻賢母」たちである。〝やまとをみな〟とはそういう女性（母・妻）たちのことである〉と。

それに対して、ジェンダー論はさらに次のように反論する。〈「愛」とか「母性」とかは、それに象徴的な価値を与えて祭り上げることを通じて、女性の労働を搾取してきたイデオロギー装置である。このことは、フェミニストによる「母性イデオロギー」批判の中ですでに明らかにされてきたところである〉と。つまり、〈「愛」とは、夫の目的を自分の目的として女性が自分のエネルギーを動員するための、「母性」とは子供の成長を自分の幸福と見なして献身と自己犠牲を女性に慫慂することを通じて女性が自分自身に対してより控えめな要求しかしないようにするためのイデオロギー装置である。女性が「愛」に高い価値を置く限り、女性の労働は「家族の理解」や「夫のねぎらい」によって容易に報われる。女性は「愛」を供給する専門家とされ、この関係は一方的である。女の領分とされる「配慮」や「世話」も「愛という名の労働」に他ならない（アメリカの社会学者フィンチとクローヴズ）〉と。

これに対するわれわれ〝やまとをみな〟サイドの主張はこうである。〈いずれにせよ、男性原理を単に女性原理に置き換えようとするだけではイデオロギー問題に解消されるだけであって問題を一歩先へ進めることにはならない。目標とされるべきは、資本制のなかに巣くっている家父長的権力支配構造を脱構築すること、つまり、〃機械論パラダイム〃によって権力機構的に編成されている組織管理体制を〃生命論パラダイム〃によって脱権力装置化することである。男性原理、家父長制原理が支配する資本制社会をそのままにして、そこに女性が男性と同じ立場を要求して参入を図ろうとするのでは問題の解決にはならない。資本制のなかの男性原理・家父長制原理を脱構築することによってこそ男女共同参画社会実現の地歩が築かれる。〃生命論パラダイム〃は男性原理と女性原理をともに抱越する。それは男性・女性の性差を超えて、つまり人間性の根源に遡って、両性が対等の立場で共同参画できる社会を実現することを目指すパラダイムである。問題は〃機械論パラダイム〃に深く浸潤された男性一般の意識にどうやってパラダイム・シフトを起こさせるかである。〃やまとをみなの「優にやさしい柔和な心根」、「ますらおぶり」と「たおやめぶり」の兼帯（それが「やまとだましひ」）、その「きっぱりとしたいさぎよさ」「手際のよい実技能力」「清らかな高潔さ」「愛とやさしさ」こそがそれを可能にする。「女性が輝く」ことで、その「輝き」によって、男性一般の意識に変革の焔を点火するのである。〃生命論パラダイム〃（＝女性性原理＝人間性原理）をもって組織体制全般、組織文化それ自体を変革するのである。これこそが「女性が輝く時代」の「輝く」ということの真の意味である。男女共同参画社会が目指すのもそれである〉。

家事労働についてジェンダー論の立場から次のような論がなされる。〈家事労働は資本制生産体制を支える重要な生産労働でありながらそれに相応しい十分な対価を支払われない。そこでは広範に無償労働が隠蔽されている。資本はその隠蔽された無償労働を源泉にしてそこから超過利潤を引き出している。資本としては、労働力再生産のためのコストは支払わねばならない（そうでないと資本制それ自体が維持できない）が、その支払額は労働力再生産が可能なだけの最低限度額に引き下げられる傾動がつねにある。それを超えて支払う動因は資本の側には本来的に存在しないからである。そして、賃金が労働力再生産に必要な最低限度額に充たない所帯に対しては生活補償などで国（総資本）が補填する。それを超える所帯では、その超過分は将来のための教育投資や、あるいは文化的・精神的生活の向上ないし充実のための超過消費に回される。したがって所帯間の文化的・精神的格差は世代を超えて拡大再生産される。それによって貧富格差は再生産され続ける。無償の家事労働が陰でそれを支える＞と。

家事労働をどのように有償化（所得税法上の配偶者控除制度、育児手当、育児休業の有償化、など）しようとも、この問題の解決にはならない。それには組織文化（組織編成原理、組織管理体制）を根底的に変革するしかない。

## 【補注1】大妻コタカの「良妻賢母論」

大妻コタカは戦前・戦中・戦後を通じ一貫して「良妻賢母」の旗を掲げ続けた。そこにはコタカ流の「女性学」がある。いわば〝やまとをみな〟の「女性学」である。一言で云って、清く明るく実技実学重視（すなわち「やまとだましひ」）の「女性学」である。

コタカには家事労働、家父長制についての直截な発言は特にないが、彼女の「良妻賢母論」は戦前・戦中・戦後を一貫していささかのブレもない。

「これから一人前の大人として育たねばならない子供に対して、育成の責任はやはり母がその大半を負わされています。民主主義の現代においても、女性が家庭にあってその管理や子供の教育の任に当たることは、社会活動と何らその価値において相違するものではなく、両々相俟って人間生活の完璧が期せられるもので、国家社会への貢献であると思います」。

「主婦の犠牲的精神、それこそ全く自分を忘れた犠牲の行為によってのみ夫や子供に対する純愛が示される家庭生活にあっては、この心掛けがなくては一日も明るい家庭は望まれないのであります。もっと押し広げて申しますならば、真実に自己の精神を物質から解放したいならば、にっこり微笑んで犠牲に甘んじるだけの覚悟が必要であります」。

いずれにせよ、次のことがはっきりしている。女性が家の中で行っている活動はどんなイデオロギー的粉飾によって表現されるにせよ、女性は彼女がそれをやらないならば誰かによって代行されるほかないような「労働」を確かに行っている。〝やまとをみな〟はただそれを「愛」によって行うのである。家事労働は家族の成員の誰がしてもよく、夫と妻は自由意思と適性とでおのおのの持ち場を合意によって決定してよい。〝やまとをみな〟が家事を引きうけるのはただ「愛する家族のため」の自発的な無私の「献身」からである。

要するに、「愛」「献身」、そして「配慮」「世話」「自己犠牲」が〝やまとをみな〟論の要訣である。大妻コタカの教育理念の中核にあるのはこの〝やまとをみな〟の「良妻賢母」論である。欧化思想のなかでの「良妻賢母」主義と、日本古来の「良妻賢母」思想とは彼女のなかで融合一体化されており、その「良妻賢母」論は社会上層部だけでなく広く一般庶民の生活規範として通用力をもっていた。

これに対しても、ジェンダー論やフェミニズム運動などからは、∧それは女性を二重三重に搾取するために体制サイドが仕掛けた策略である∨との批判が繰り返されるであろう。

一つは、家庭にあって無償の家事労働を押し付けられる日陰存在、

二つには、企業にあって熟練を必要としない便利で安価な限界労働力、

三つには、家父長的な男性原理が支配する社会機構にあって様々な不利益に耐える苦力的存在、

等々である。予想されるこれらの批判に対して大妻コタカはこう言う。

「被害妄想的に不利益を並べたてることで自らが不愉快になるだけでなく、周りまで暗くするのは賢明な生き方ではあるまい。むしろ明るい側面に光を当てて自分と周囲を改めて見直してはどうか」

と。ここに大妻コタカの〝やまとをみな〟の真髄がある。コタカの「良妻賢母」論には、与謝野晶子や平塚らいてうが取り上げたような「母性保護」に関する国家介入の可否についての問題意識はないが、女性の自立を強く主張する点では晶子に近く、母親の育児役割を高く評価する点ではらいてうに近い。「母親も職業を持て」という点ではコタカは晶子と見解を同じくする。晶子は言う、「女子に労働の実力があれば、完全に独身生活もでき、急いで寄生的奴隷的な無恋愛結婚を求める必要も起こらず、人格的に信頼し合った恋愛を∧夫婦共稼ぎ∨という物質的条件によって支持される真実の理想的結婚の中に完成することも初めて可能になる」、「このように人格的・精神的自立を果たした女性によって構成される社会においては、女子が労働を分担することで生み出される余裕の時間を以て、男も女も経済以外の高級な生活条件、即ち学問技術というような精神的方面の満足と創造とに今日に幾倍して努力することができるようになる」と。平塚らいてうの母性が担う使命の重要性についての評価はコタカも同じである。らいてうは言う、「種族の保存継続以上に種族の進化向上を図ることが、生命という最も神聖なる火焔を無始から無終へと運ぶ婦人の人類に対する偉大な使命であらねばならぬ。ここに婦人の、母の尊い社会的意義がある」。「恋愛、結婚、生殖、育児、教育を通じての人類の改造（社会の根本的改造）を最後の目標とするところの女性としての愛の解放、母たる権利の要求こそ最も進歩した婦人運動の目的である」。「子供というものは、たとえ自分が生んだ子供でも、自分の私有物ではなく、其社会の、其国家のものであるから、子供を産み育てるという母の仕事は、社会的な、国家的な仕事なのだ」と。コタカの見解もこれと同じである。特に育児と子どもの教育は、母親の最も重要にして、かつ、父親も及ばぬ天性の仕事だとする。コタカの立場は二人の見解を両脚で踏まえて聊かも揺るがない。コタカの「良妻賢母論」は次の言葉に尽きている。

「職業を持って社会人として自立しながら、同時に家庭のこともきちんと宰領できている、家族の絆であってください」。「私が申し上げたいのは、それぞれが家庭のことを忘れないで頂きたいということです。その上に社会人としての自覚とか、義務とかを弁え、仕事に情熱を以って取り組んで欲しいということです。自分をよりよく育てるという意欲をもって、強い信念のもと、それぞれの個性を生かしてください」。「自分自身が一家和楽の原動力となって、一家を和気藹々とした朗らかな雰囲気に置くように努力したいと思います」。

## 【補注2】「女性性／男性性」・「自己本来性」

家父長制に見るごとく「男性性」（マスキュリニティ）は人為的論理（権威や規範）がもっぱら機能する「制度論」の範疇である。「女性性」（フェミニティ）はそれと対極的に自然摂理（生成と変化）に深く根を下ろした「生命論」がもっぱら機能する範疇である。「自己本来性」は両性統合の〝いのち〟に関わる範疇である。

「父性性」（ファターニティ…筆者造語）は総じて外発的規範性の垂示ないしはその逸脱監視役割が

その領分であり、「母性性」（マターニティ）は総じて内発的創発性の扶育ないしはその扶育環境保持役割がその領分である。「自己本来性」（セルフアイデンティティ）は愛護の海に浮かぶ〝いのち〟の象徴であり、「父性性」と「母性性」とはその〝いのち〟の営みにおいて統合される。

いま家庭の崩壊が言われる。父性性の崩壊（＝父性性権威の失墜）である。また、家族の喪失が言われる。母性性の喪失（＝母性性自然リズム共振力の低下）である。そこから恢復するには「自己本来性」を取り戻すしかない。その「自己本来性」を最もよく体現する範例が「良妻賢母」である。この「良妻賢母」主義に対しては、男女間の性差別を批判的に取り上げて、その同質性（平等）を主張するフェミニズム（第一のフェミニズム）の立場からすれば、それは男性原理による女性原理の植民地化と見なされる。一方、男女の性差を自然摂理として評価しその異質性の中にこそ平等ないし女性優位の可能性を見出そうとするフェミニズム（第二のフェミニズム）の立場からすれば、「良妻賢母」規範はむしろ女性性の発露として重視される。

第三の立場があってよい。〝機械論パラダイム〟に立脚して教育・指導・鞭撻に重きを置く男性性原理と、〝生命論パラダイム〟に立脚して愛護・保育・躾けに重きを置く女性性原理とが融合・抱越された「自己本来性」の発現、すなわち「母性」がそれである。その両性兼具の「自己本来性」原理を体現する「母性」によって「男性性／女性性」の対立図式は統合されるとする立場である。

「良妻」は措くとして「賢母」こそがその〝いのち〟の扶育者である。「母性の涵養」は性差を超えている。それによって、「自己本来性」（宇宙摂理との共振力）が賦活され、女性性／男性性の対立図式はその中で解消される。


人間は誰しも「自己」の内部に「女性性」と「男性性」とを共生させている。「自己本来性」はその「女性性／男性性」を抱越したところで成立する。「母性」においてその「自己本来性」は最も活き活きと息づいている。

本書で言う「生―経営」、「生―リーダーシップ」、その体現主体である「生―リーダー」はみなこの「母性」「自己本来性」を原境とする。

「失墜した父性性」の回復は余程のことがないかぎり不可能である。なぜなら、「父性性」の権威を支えてきた家父長制イデオロギー（〝機械論パラダイム〟に立脚する）はいま根底から動揺している（その適用余地はほとんど残されていない）からである。そこには回帰すべき本源が存在しない。「父性性」に残された道は、性差を超脱した〝生命論パラダイム〟（生命論的生成原理・・・【補注2】〝生命論パラダイム〟参照）への還流しかない。目指されるのは、「自己本来性」の再開発、「統合的自己」の鍛え直しである。

端的に言って、「女性が輝く時代」とは、「男性原理主義社会」の脱構築を通して、自然摂理（宇宙リズム）に則った〝いのち〟の輝く時代へと文明史的転換を図ることへの呼びかけである。それによって「物質資源」に重きを置き過ぎてきた資本制付加価値生産の価値源泉を〝いのち〟の営みを源泉とする「文化資源」へと根源的にシフトさせることである。

以下、「男性性」、「女性性」、「自己本来性」について補足する。

1、＜男性性＞の崩壊・喪失・動揺による病理

①＜男性性＞は、嬰児が外部「社会」（「従わねばならぬ規範」）を学ぶ最初の機会を提供する。したがって、それを学ぶ機会を持てなかった子どもは、長じて「規範」というものを蔑ろにする人間になりかねない。（「みっともない父」「恥ずかしい父」は子どもにとって規範たり得ない）。

②＜男性性＞を演ずることに疲れた男たちは、所謂「草食系男子」「ワシモ族」「濡れ落葉」などに成り下がるしかない。

③女性が自らの内に蔵すべきはずの＜男性性＞を殺してしまえば、「母子癒合」（「子離れできない母親」「母親離れできない子ども」）を生み出しかねない。

2、＜女性性＞の崩壊・喪失・動揺による病理

①＜女性性＞は、嬰児が安らぎのなかで自らと他者の関係的世界を認知することができる最初の恵まれた機会を提供する。したがって、そのような機会に恵まれなかった子どもは、社会的適応障害や、それから来る情緒不安定や不信感・自己疎外感に苛まれる人間になりかねない。

②＜女性性＞を放棄した女たちは、所謂「モンスター母親」になりかねない。

③男女を問わず、自らの内に蔵すべきはずの＜女性性＞を殺してしまえば、単なる「会社人間」「猛烈社員」に成り下がるしかない。

3、「自己本来性」の喪失・崩壊・動揺による病理

①「自己本来性」を獲得できたとき、人は異和を抱越してどのような困難にもゆとりをもって立ち向かう勇気を与えられる。

②「自己本来性」が獲得・回復できないとき、人は自己疎外に陥る。

③自己疎外はその反動として自我肥大化を招き、それにも挫折すれば「うつ」「ひきこもり」等の病理を発症する。

以上の関係を図解すれば、次ページ［表1］のようになる（本表はあくまでも私見である）。

「男性性」・「女性性」・「自己本来性」がバランスよく調停されているとき、人は「統合的自己」を生きる「人間性」豊かな人間となる。「母性」はその表徴である。そうして、男女が共に「男性性／女性性」を共有し合ったうえで「自己本来性」＝「統合的自己」＝「人間性（母性）」を回復するならば、人間社会は大きく変貌する可能性がある。そこでは余りにも〝機械論パラダイム〟によって硬直化された秩序化社会（そこでは家父長制的権力主義が様々に残存している）は、〝生命論パラダイム〟によって脱構築されることで生命的活性を回復する。そうなってはじめて、「男女共同参画社会」「ワーク・ライフ・バランス」も真の内実を与えられ、「うつ」「ひきこもり」「DV」などの今日的問

| | ＜男性性＞の喪失 | ＜女性性＞の喪失 | 「自己本来性」の喪失・崩壊・動揺 |
|---|---|---|---|
| 男子（父親） | 草食系男子／タイラント／DV | 会社人間／マイホーム主義／タイラント | |
| 女子（母親） | 母子癒合／過干渉／自傷行為 | モンスター母親／過保護／過干渉 | 自己疎外／自我肥大化／「うつ」「ひきこもり」 |
| 「女性性／男性性」が崩壊・喪失・動揺している父・母と子との関係 | 規範性喪失／リゴリズム／ミットモナイ父親への反発 | 情緒不安定／ホッタラカシ／イラック母親への反抗 | |

［表1］

題群の解決にも新たな知見が開かれ、現代に通用する「生き甲斐・働き甲斐」の拠って来る淵源も明らかにされるだろう。そこにおいてはじめて「女性が輝く社会」、つまりは「〝いのち〟輝く社会」が実現可能となる。

「女性学」・「男性学」は、「女性学／男性学」＝「人間学」として統合的に研究される必要がある。「女性学／男性学」の根底には「統合的自己」・「自己本来性」についての深い洞察がなければならない。それらが相俟ってはじめて総合的な「人間学」が成立する。

これまで「女性学」は社会の隅々にまで浸透している「男性原理」（例えば、「家父長制的権力支配機構」「ジェンダー差別」）を暴くのに一定の成果を収めてきた。これからは、これまでに蓄積されてきた「女性学」の知見を基に、この社会に残存する「男性原理」を批判的に脱構築する学として、むしろ新たな「男性学」が構築される必要がある。

## 1、「男性学」の系譜

「男性学」は、我が国では1980年代から、「女性学を経由した男性の自己省察の学問」として、また「女性の視点からの男性・男性性の省察」として脚光を浴びはじめた（上野千鶴子）。

男性側に立つか、女性側に立つか、どちらのスタンスを取るのが適切かついては次の意見が参考になる。「マジョリティとしての男性性を、男性主導社会のマイノリティとしての立脚点から省察しようとする「女性の男性学」の方が、より生産的になる可能性があると思う」（伊藤公雄『男性学』7ページ、2009：岩波書店）。

## 2、「男性学」登場の時代背景

男性中心主義文化の崩壊、「社会の女性化」の進展、「男女共同参画社会」時代の到来、女性たちによる男性中心社会への理論的・実践的な告発と批判、等々がその背景にある。「男達を立ててやる、保護してやる、わざと負けてやる、知らないふりをしてやる」などの女性的配慮から見はなされた（依存対象としての太母から突き放された）男達のアイデンティティの揺らぎもそこに加わる。「∧男らしさ∨へのこだわり」（優越志向、権力志向、所有志向への自己拘束）に苛まれた、あるいは疲れた男達（草食系男子、羊男、フェミ男くん、わしも族、濡れ落葉、等々。その反面としての卑劣なＤＶ男、不機嫌でいつも攻撃的に苛立っている惨めな不満男）の姿がそこに垣間見える。

家父長制的支配機構が残存する日本型企業組織の息苦しさに対する内外からのさまざまな告発もそこにはある。

### 3、「男性学」の目指す方向

単純系思考から複雑系思考への転換が求められる。競争的で攻撃的な文化の行き詰まり（「男性性の限界」Ａ・トールソン）を超えて、多様性（複数性・固有性・差異性・関係性）と非線形性、共同性と協調性の文化への転換（「男性ロゴス中心主義」にひび割れ）が目指されるべきである。

求められるのは、〝機械論パラダイム〟（要素還元主義的、規範性・統制性世界観）から〝生命論パラダイム〟（包括主義的、身体性・具体性・直接性世界観）へのパラダイム・シフト（男女性差を超えた「人間学」の展望）である。それによって、客観的、抽象的、体系的、理論的、普遍的知を目指す男性性知と、開放的、直接的、個別的、主観的、身体的知の復権を目指す女性性知とが統合された人間性知の新たな地平を拓くことである。

なお、これに対してはフェミニズムの立場から「それは女性差別の現実を隠蔽するもの」との批判が予想されるが、そのような批判を正面から柔軟に引き受けつつ（そういうこともあり得ることを率直に認めつつ）、より根源的に「人間としての生き方」を模索するのがこれからの「男性学」が目指すべき方向である。「女性学」がフェミニズム運動、ウーマンリブ運動を通して人間解放を目指したように、これからの「男性学」は社会的・政治的・経済的・文化的・制度的な枠組の変更（「男性性原理の脱構築」）を目指す社会的・日常的行動に繋がる実践的学問へ進展されねばならない。つまり今は、男女が共同して人間解放を目指す「人間学」へと向かうべきときである。

**4、「男性学」の留意点**（『男性学』伊藤公雄ほかを参照）

（1）これまでの反省を踏まえての今後の「男性学」の留意点

「男性学」には「女性学」に反撥する「男性の自己主張」的イメージがつきまとう。「男性の権利擁護」（劣等意識の反映でもある）には警戒の視線が必要である。

男女の支配／被支配の不均衡を無視して、「女性学」に対抗する「男性学」を語ろうとすることに自覚的でなければならない。

男性による「男性学」には、「女性差別への視線がない」「権力問題を見ていない」などの批判があることにも留意する必要がある。(「輝く女性」の蔭で劣等意識に苛まれている苛立つ男達にどう向き合っていけばよいかにも留意の要がある)。

男性の「もろいアイデンティティ」の崩壊、「思いこみ」「こだわり」からのひそかな脱出願望を弱者への攻撃によって解消しようとする病理的心理(DV問題、自殺、あるいは「反時代的女性差別宣言」「男権擁護運動」等々)には特に注意する必要がある。

(2)「男性学」固有の問題からの留意点

男性内部のマイノリティ問題を見失ってはならない。むしろ、その方が「男性学」の内包する本質的問題を浮き彫りにできる(ゲイ・ムーブメント、1990年代)。

男性が自ら背負い込んできた「男性性」(「男らしさの神話」「男の鎧」)からの解放の視点が「メンズ・リブ」運動を全国に広げた(1991年)ことを忘れぬこと。

変化し始めた男性の気質を前向きに捉える声の一方で、「近頃の男はエネルギーがない」的なオヤジ風のボヤキの声も聞かれるが、そのような風説に惑わされぬこと。同様に、女たちは経済的にも精神的にも「自立」に向かっているとか、「女らしさ」の柵から脱出し、人間らしさ、自分らしさへ向かって新しい選択を開始しているとか、の風説にも。あるいは、男たちは「男らしさ」への志向性が傷つけられるとともに、甘え依存してきた「太母」たちから突き放され始めたことに深い不安を感じつつある、などにも。

いまは「男性性」をめぐる危機の時代である。旧い「男らしさ」のイデオロギーは根本的に揺らぎ始めている。しかし、この揺らぎから脱出する道はまだ提示されていない。追い詰められた気分を懐きながら、旧い規範に強く取りつかれたまま、時には病理的な「反撃」をしかねない男も生まれかねないのが現状である（DV問題）。傷ついた「男らしさ」を癒すための男性による男性のためのサポート・グループすら形成される有様（アメリカでの話）である。この現実に目をつぶってはならない。

（3）「男性学」方法論

「男性学」には、社会学・政治学的な男性性研究（権力支配的側面）と、心理学的・個人的なそれ（アイデンティティ側面）との両面からのアプローチが必要である。

「男らしさ」「女らしさ」「自分らしさ」などは、つねに変化・生成する。それをつど「まとめあげ」ながら生きて行くのが人間である。それがはらむ問題群から「出口」を探るのが「男性学」「女性学」「人間学」である。

男性中心文化社会そのものを変革しなければならぬ。性別役割分業をはじめとする社会の枠組を変える必要がある。今度は男がその意識を変える番である。

（4）「男性学／女性学」共通の問題

「男性性」「女性性」による抑圧から自由になる道は、現状の「男」「女」という固定的なイメージから、個々人の固有性・複数性へ向かって自己を解放していく道以外にない。必要なのは「私」として生きるという自覚と覚悟である。同時に、特定の自己に自己同一化しないことである。「自己」「他者」「関係」の多様性・複数性を寛潤に引き受けることである。「つねに、挑戦的に自己を、他者を、そしてコミュニケーションのあり方を、自己組織的に再構成していくことである」。つねに、状況的で生成的な関係性へと「開かれ」ていなければならない。

(5) 以下のような男には要注意(DV加害男性に共通のナラティブ)

・曖昧な表現が多用される(誰が主体なのか不明「俺たちは・・・」)

・有無を云わせない、従属を強いる、命題的な断定が散見される(「これは単純なことだ」「これが人生の真実だ」等)

・合理的な説明ができず、比喩が多用される(「怒りの温度が急上昇した」「何かが切れた」「爆発した」等)

・一部で全体を表現するような、代喩による説明がなされる(「俺に逆らって俺の権威を傷つけた」「ちょっと押しただけ」等)

・換喩が使われる(「女房なんてチェスのコマのようなものさ」「躾には鞭が必要だ」「俺が城主だ」等)

その信念体系、価値観、非言語的態度などの領域までチェックされるべきだが、社会はそれに対する制度的、技法的、理念的分析手段や対処策をまだ有していない。(突っかかられてばかりに目を尖がらせたイラつき男に対してはこちらから身を避けるしか今のところ手立てはない）。

## 5、『女性学／男性学』のこれから（千田由紀、2009〔岩波書店〕より）

（1）「男性学」と「女性学」の間

・「最終的には、男性学も女性学もその枠組みを壊すために存在しています。男女の二項対立に納まりきらないものがあるということを、あらわにする実践ではないかと思うのです」。

・女性は、伝統的な女性の役割に加えて、男性の役割と意識をも身につけつつあるのに対して、男性（の身体）は美も感性もはぎとられた灰色の産業ロボット、（精神は）機械の中の幽霊になってしまっている（渡辺恒夫）。

・男性も女性も、男性性（男らしさ）と女性性（女らしさ）に抑圧されている。

・「男と女の絶対的な違いは〈産むか〉〈産まないか〉にある。この違いをつきつめていくと女は出産という生理的機能を通じて自分を縦の関係に、つまり自分を歴史的にとらえることが本質的に可能な存在としてあり、女と子供にとって男とは所詮消えていく存在でしかない事実に突き当たる。男は自分を歴史的にとらえるのに論理を必要とするが、女は存在そのものが歴史なのである。男がより権威主義的なのはなによりもその存在の頼りなさから来ているのだ」（田中美津）。

・「女の論理」とは「生産性の論理」である。「男の論理」との緊張関係によって成立する

「ある種の論理」といえるかもしれない。

・人間が内面的に成熟し、自立的＝自律的な存在になるためには、身体を媒介とした自然とのかかわりを問い直さなければならない。それは男性にとっては「うちなる女性性の回復」であり、女性にとっては「みずからの身体性の再評価」となる（青木やよい）。

（2）男性原理社会における「女性学」について

・女性学は、リブが批判する相手である学問の懐にもぐりこみ、内側から食い破ることによって、その学問自体を変更していこうとする試みであるといえる。（今度は男性学がそれを担う番である）。

・「女が、女として、また人間として生きにくい状況におかれているからこそ、労働や組織のあり方、社会のあり方を問い直すことが可能になり、近代合理主義に貫かれた社会のひずみをみとおすことができる」（井上輝子）。

・エコロジカル・フェミニズムを日本に打ち立てようとしたのが、青木やよいである。青木のエコロジカル・フェミニズムを成り立たせている二つの柱は、「自然」と「女性性」、とくに「母性」である。青木は「文明化＝自然の抑圧＝身体の疎外＝性の蔑視＝性差別の発生」と定式化し、文明が自然を抑圧し、そこから身体が疎外されることで、性差別が発生すると考えた。社会的に作られた「女らしさ」は、否定すべき対象であるが、身体に依存する「女性性」、とくに「母性」は、この疎外された社会から自分を取り戻すための手がかりとなるものである（青木）。

・「女性は制御不可能な自然（＝母性）を身体のエコロジーのなかにもって」いるから、女性は「宇宙の母なるエロスとの一体感」のなかで生きている（青木）。これに対しては、上野千鶴子の批判がある。これは「論理に対する身体、文化に対する自然の復権に女性解放を矮小化する」ものだと。「男性文化が女性原理に配当した分類原理を受け容れた上で、まさに文字通りその相反補足的補完物としかならず、男性文化の構図の中にとどまっている。女性原理派フェミニストは見事に補完的役割を果たしているのだ」（上野千鶴子）。

・女性は、資本主義社会にとって不可欠の役割を担わされてきたのであり、女性の家庭における労働が、いかに資本主義社会と密接に関係しているかを分析することこそ、女性解放論の課題であったのであり、家族や地域活動の領域は、それ自体資本主義社会にとって不可欠の役割を担わされた部分なのである（江原由美子）。

以上、1～5の所論を通して言えることは、「女性が輝く」時代の到来（の予感）とともに、いまや男性は自らの内なる「女性性」に気づかされ、自己本来の「人間性」に改めて覚醒しつつあるということである。（同時に、女性が自らの内なる「男性性」に気づかず、自己本来の「人間性」を見失っているケースもあり得ることにも注意が必要）。要は、「女性が輝く時代」の到来（の期待）とともに、男女を問わず全ての人間が（人間としての）「自己本来性」を取り戻すべき歴史的転換期が「いま」なのだということである。「女性」は∧つねに・すでに∨スタンバイしている。問題は「男性」の側の∧まだ・いまだに∨にある。新しい地平を開く「男性学」が求められる。「男女共同参画社会」がいま投げかけているのもそのための「学問のすすめ」である。それには、まずは経営の現場が変わらねばならない。〝生命論パラダイム〟に基づく「生―経営」、そこでの「生―リーダー」の働き、がそれである。そこでは男・女の性差はすでに撥無されている。

# 第Ⅱ部

# 〝やまとをみな〟による組織文化の変革・刷新

# 第四章　〝生命論パラダイム〟による組織論

ジェンダー論やフェミニズム運動はこれまで同時代の家父長制的資本制の歴史的な段階に批判的な言説をつきつけてきたが、現下の「女性が輝く」時代に要請されるのは、さまざまな差別（現に知識産業部門では性差よりも学歴差が大きくなっている）についての理論とクロスオーバーしながら、抑圧的システム一般についての多元的な理論を構築することである。いま問われているのは、単なる性別役割の交換だけ（男性の育児参加を提唱する程度の当面糊塗策など）ではない。抑圧システム一般が依拠する功利的な〈目的―手段連関〉を換骨奪胎して、付加価値再生産方式の本質を原点（生活文化の人間的成熟）に帰って問い糺すことである。端的に言って〈〝いのち〟の営みに、より豊かな内実を与え、よりいっそう輝く〝いのち〟としてそれを次世代へ再生産的に継承していくこと〉である。ということは〝機械論パラダイム〟にどっぷり浸かった資本制（家父長制と凭れ合った）再生産方式を根底から揺るがすような、新しいパラダイム、すなわち〝生命論パラダイム〟に則った〈組織文化を経営現場において新たにどう生成するか〉である。

［図1］をご覧いただきたい。本図は人間が生きる生活世界を「自己」を中心に整理したものであ

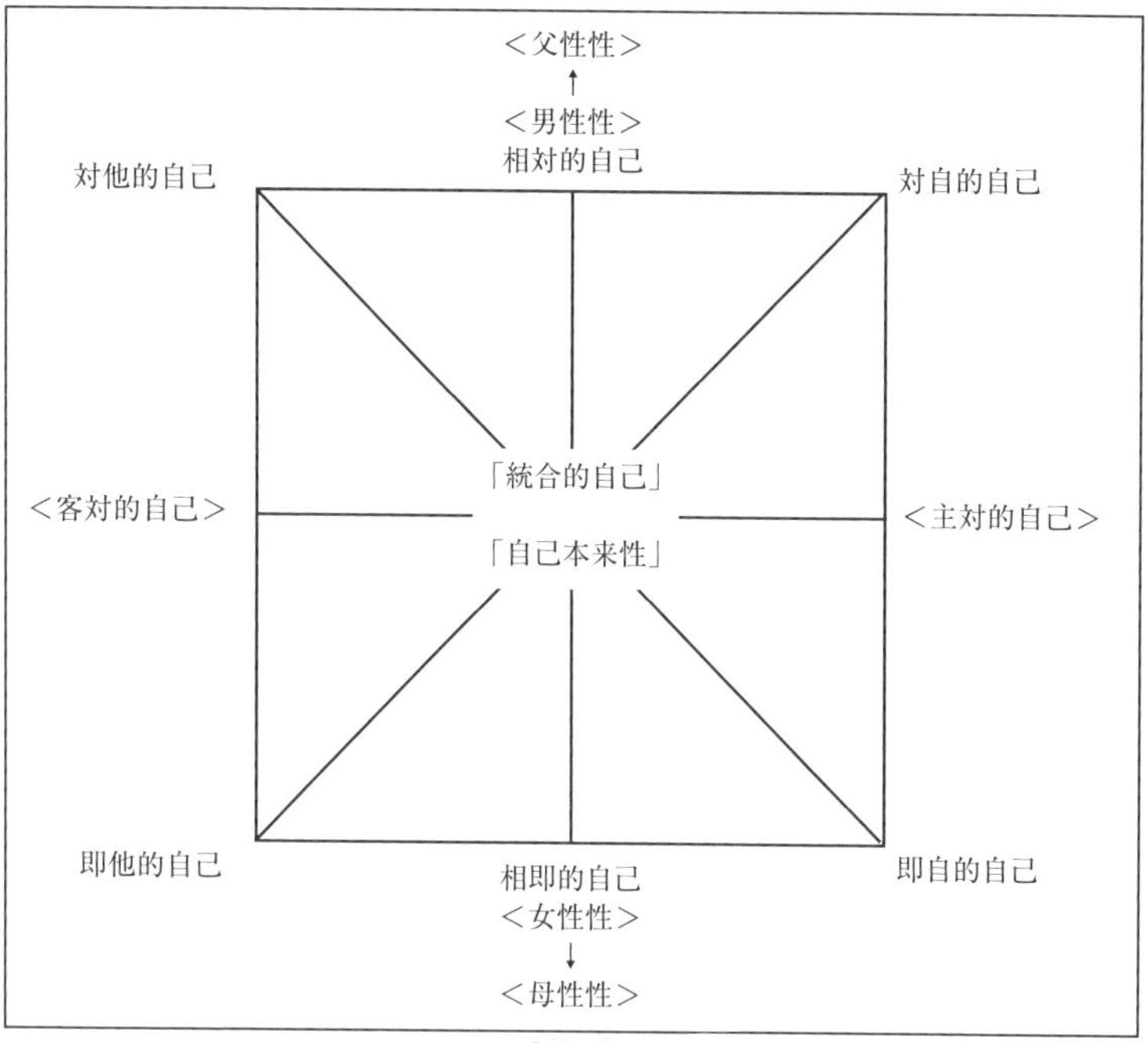

［図1］

る。中央に「統合的自己」が配されている。「自己本来性」を生きる「自己」である。人はその周縁で多様な「自己」を自己調停しながら生きている。

「自己」（男・女を問わない）は＜対自的自己＞（自己省察する自己）と、＜即自的自己＞（自己実現を目指す自己）との間で＜主対的自己＞を生きる。＜対他的自己＞（他者を顧慮する自己）と、＜即他的自己＞（他者への奉仕を心掛ける自己）との間で＜客対的自己＞を生きる。＜即自的自己＞と＜即他的自己＞の間で、人は真剣に自分自身と向き合う。そこで人は謙虚を旨とする＜相即的自己＞を生きる。これは＜女性性＞の領分である。＜対自的自己＞と＜対他的自己＞の間で、人は真剣に他者と向き合う。そこで人は誠実を旨とする〈相対的自己〉を生きる。これは〈男性性〉の領分である。〈女性性〉は〝いのち〟を育む自然摂理を表徴する「母性性」へ、〈男性性〉は「制度」を目指す「父性性」へ、それぞれの世界を拡げる。

これらすべてが「自己」の内部でバランスよく調停されたとき人は「統合的自己」へと成熟する。そのとき「自己本来性」（性差を超えている）は在るべき位置に着く。逆も言える。「統合的自己」の成熟によって〈男性性〉と〈女性性〉は「自己本来性」へと綜合的に調停される。

〈男性性〉は〝機械論パラダイム〟をより強く表象し、〈女性性〉は〝生命論パラダイム〟をより豊かに表象する。「自己本来性」は「統合的自己」が自らを生きるに際して拠るべき最終根拠である。〈男性性〉〈女性性〉が「自己」の内部でバランスよく統合されたときその「自己本来性」が実現する。

人間（男・女を問わず）は「自己」の内部に〈女性性〉と〈男性性〉とをもともと兼具しており、両者は「自己本来性」によって普段は統合されている。すなわち、彼（彼女）がもつ〈女性性〉と〈男性性〉とが「自己本来性」を介して統合されたときはじめて人はあるべき「統合的自己」を回復するのである。そして、「女性性／男性性」・「自己本来性」が喪失・崩壊・動揺したときそこにさまざまな病理が発症する。つまり、これらの相互補完的・相互補償的・相互生成的関係が保持されていてはじめて、人として「統合的自己」＝「自己本来性」の把持が可能なのである。

大妻コタカは〈客対的自己〉の表徴として「恥を知れ」を掲げる。他に見られ聞かれて恥ずかしい言動をするなという諭しである。それは同時に、自らが拠って立つ「統合的自己」「自己本来性」に鑑みて恥ずかしくないかをつねに自問せよとの教えに通じる。∧主対的自己∨の表徴としてコタカは「らしくあれ」を掲げる。その時その場においてそれぞれに相応しい振る舞いをせよという教えである。それは同時に、かくありたいと思い描く自己像（「自己本来性」）との対比においてつねに何がしかの反省を伴う。「恥を知る」自己、「らしくある」自己、その相関の中で構成される「関係的自立存在」としての自己、それがすなわち「統合的自己」であり、「自己本来性」の自己である。

コタカにとって∧相即的自己∨の表徴は「感謝」である。∧相対的自己∨の表徴は「報恩」である。「感謝・報恩」は「統合的自己」＝「自己本来性」において一つになる。そこにおいて「感謝・報恩」はさらに「自己供犠」の精神へと深められる。「ニッコリ微笑んで進んで犠牲となれ」とコタカは〝やまとをみな〟の心意気を説く。人は森羅万象あらゆるものの恩恵を蒙って〝いま〟を生かされている、それへの謝恩は「仕事」「職業」を通して行うしかない。「働かない者」は人非人だとすらコタカは言う。自己供犠さえ厭わず報謝の行に励むには心の支えが要る。それには「心に信仰を持て」とコタカは言う（コタカの場合それは『観音経』である。日本古来の神道の要素もそこにはある。「観音の慈悲」はコタカにとって感謝・親切であり、「観音の化身」となって働くことがコタカにとってすなわち自己供犠である。）。究極のところ〝いのち〟を輝かせるのはそのようにして獲得された「統合的自己」＝「自己本来性」である。

コタカの「神様の御手におすがりする」という信仰告白には、いわば宇宙摂理への信倚・随順がある。ビッグバン以来137億年、宇宙摂理が奏でるリズム（観音の「音」がそれ）と共振しながら〝いま〟を生かされていることへの敬虔な思いがある。

そもそも人間の営みには三つの次元がある。いちばん底にあるのはドロドロした未だ形状をなさない渦巻く情動・熱情の次元、これを＜暗黙次元＞とする。その上の階層で＜明示次元＞が展開される。ここは人間の知的営為の次元である。さらにその上層で＜形式次元＞が展開される。そこは法や規則などの人為的諸制度が機能する場である。＜暗黙次元＞では「滾るような情念・情動」が迸る。＜明示次元＞では人間の英知的活動全域がカバーされる。＜形式次元＞は人間の日常を規範化する。これを［図1］をもとに敷衍すれば、上からの「触発作用」を担うのは父性性（父親とは限らない、母親も父性の役割を演じることもある）の役割であり、下からの「滾る情念・情動・熱情」を撫育・馴致するのは母性性（これも父親が演じることもある）の役割である。

古来、われわれ日本人が「タマ」とも「モノ」ともあるいは「カミ」とも呼んできたのは、＜暗黙次元＞が内包するその玄妙な力能のことである。われわれの祖先は、その力能・内包力が人間世界に不用意に立ち現われて災厄をもたらすことがないよう「タマ」を鎮め、「モノ」を祓い、「カミ」を祀ってきた。また何とかその力能・内包力に与かろうと「タマ」を揺り動かし、「モノ」を畏れ、「カミ」を祀ってきた。つまり、＜暗黙次元＞への立ち帰りによる人間的生命力の振起である。なお、ここで言う「モノ」とは、「人が対象として感知し認識するものはもとより感覚を超えて存在すると考えられる超自然的なものを含めて物一般」（『字訓』白川静）のことである。われわれ日本人はこの「モノの気配」に敏感である。これはわれわれが自らをその一部として含む世界を包括的に理解するうえでの、すなわち、＜暗黙次元＞に渦巻く深淵からの呼び声（宇宙リズム・宇宙摂理）を聴き取るうえでの基本となる。

この＜暗黙次元＞世界（「非感覚的内包力」井筒俊彦）のことを仏教では「冥」、あるいは「空」と言う。すなわち無限の豊穣を内包した「無」としての「絶対無」である。道教の「タオ」、老子の「無明」、荘子の「渾沌」、唯識哲学の「阿頼耶識」、ヴェーダの「ブラフマン」もそれであろう。わが国近代の例では、たとえば安藤昌益の「自（ひと）り然（す）る自然」、芭蕉の「造化」、本居宣長の「よにすぐれて可畏《かしこ》き物」、折口信夫の「妣《はは》の国」「常世（異界）」、西田幾多郎の「無底の底」、鈴木大拙の「大地」、田辺元の「純動体」、井筒俊彦の「存在の太源」などもその系列に繋がるものとして理解することができる。これらすべてが＜暗黙次元＞についての言説というわけではないが、少なくともわれわれが＜暗黙次元＞をイメージするうえで聊かの援けとなる。

われわれは＜暗黙次元＞の内実について言葉をもって語ることはできない。それは根源的な「無」であって言説化した途端にそれは最早すでに＜明示次元＞へと裂開されてしまっているからである。われわれにできることは、その一歩手前で、あるいはその裂開の瞬間に立ち会うことで、〈暗黙次元〉からの響きと共鳴・共振し合うことだけである（西田の「純粋経験」）。われわれ人間に求められるのはその共鳴力・共振力である。この〈暗黙次元〉（「ビオスの知世界」と言いかえてもよい）の上で〈明示次元〉（直感知・身体知・言語知・メタ言語知の働きによってもたらされる知世界、すなわち「ピュシスとノモスの知世界」と呼ぶこともできる）が開かれ、その〈明示次元〉の上で〈形式次元〉（法規範や慣習などの制度世界、すなわち「ハビトゥスの知世界」と言ってもよい）が展開される。

〈暗黙次元〉とは〈形式次元〉・〈明示次元〉の根底にあって人間の諸活動に不断にエネルギーを備給している根源的次元である。その〈暗黙次元〉が〈明示次元〉へと裂開してさらに〈形式次元〉へと形づくられていく、その次元裂開の瞬間、およびその場所こそがいわば〝いのち〟が「誕生」「成育」する場所であり、「信仰」が生まれる瞬間である。

人間のもっとも優れた高次の活動（詩や芸術や芸能）もそこから創造のエネルギーを汲み上げる。そこは宗教体験の源境ともなり得るかぎりない豊穣の場所である。その場所につい て先人たちはさまざまな解説を行ってきた。たとえば、それは人間にとって「意識の深層構造における不定形の可能態」（井筒俊彦）であり、「無限定な能産的自然の活動態」（〃）そのものである。あるいは、それは「意識の底にひそんでいる意味連関の深み」（〃）であって形象化して捉えることは不可能であって、霊性的直覚（鈴木大拙）あるいは行為的直感

（西田幾多郎）によって、閃きないしは気付きという形で純粋経験的に捉えられるだけである。次のようにも言い直されもする。〈暗黙次元〉は「霊性的直覚を具えた吾なる一現出点」（鈴木）において自らを裂開させるのであって人為の計らいを受けつけない。いわば「物きたってわれを照らす」（西田）のみである。われわれは〈暗黙次元〉そのものに立ち入ることはできない。そこから聞こえてくる声に耳を傾けることができるだけである。その響きに響応し得るだけである。

〔図1〕をもとに〝生命論パラダイム〟に即した組織論を展開すれば、次ページの〔図2〕（〔図1〕と重ね書きしてある。〔図1〕の各項はイタリックで表示している）のようになる。

〝いのち〟を取り巻く諸状況に即して（アフォーダンス）、場の状況を開鑿しながら（アブダクション）、自らの立ち位置を決める（アテンダンス）。――〔図2〕の横軸。

そして、〝いのち〟を生きる力を最大限に賦活しながら（エマージェンス）、それを自己組織的に秩序づけつつ（オートポイエーシス）、その生きたエネルギーを自らが目指す中核的価値へ向けて結束しつつ（ストレンジ・アトラクター）、その場に整斉たる秩序空間を形成する（コヒーレンス）。――〔図2〕の縦軸。

この4軸座標系の各象限に配される、シナジェティクス、ヒステリシス、セレクター、ホメオスタ

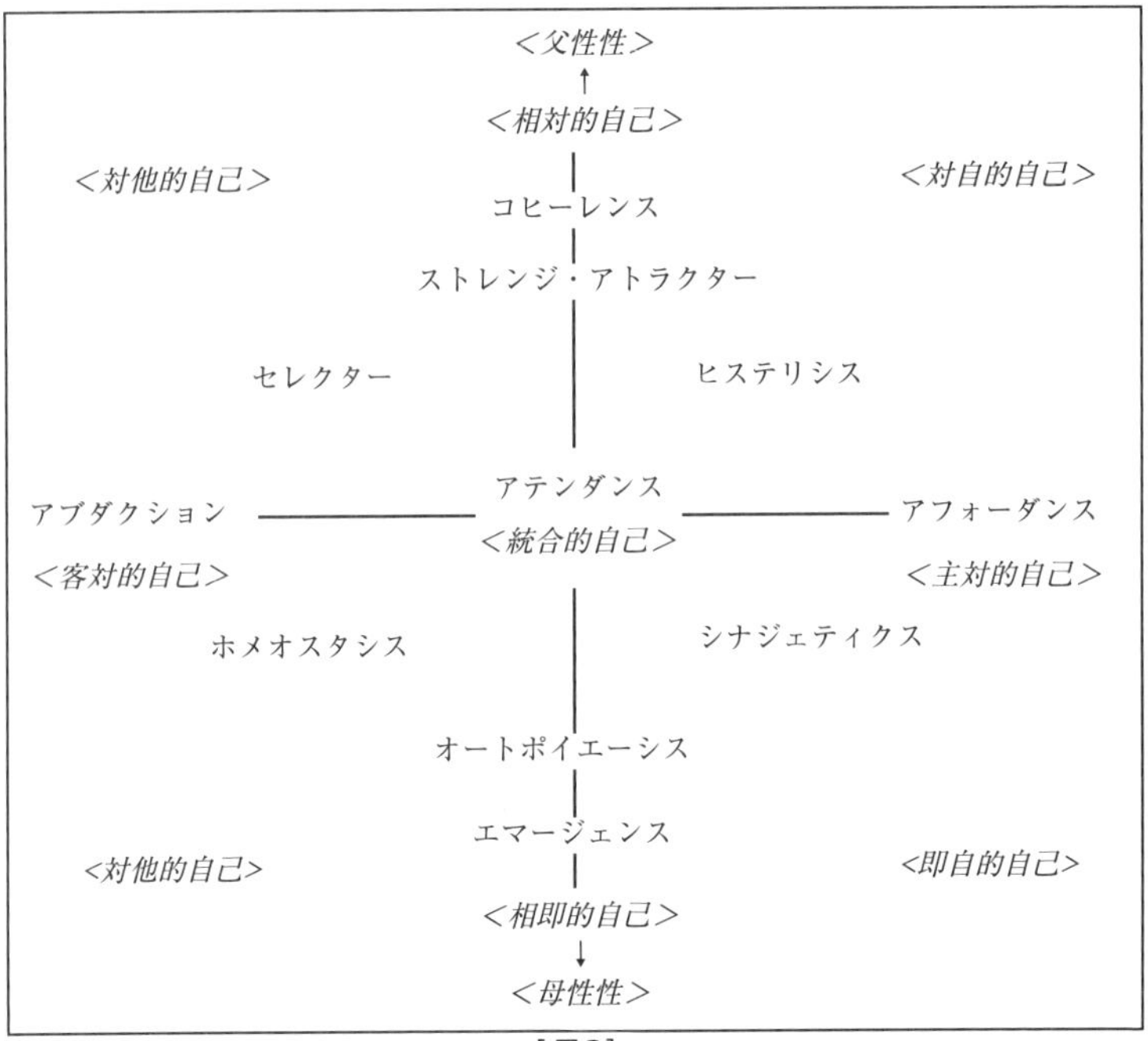


［図2］

シスが〝生命論パラダイム〞に則った組織理論のキーワードである。

＜ストレンジ・アトラクター――セレクター――ヒステリシス＞は＜男性性＞＜父性性＞により多く関わり、＜オートポイエーシス――ホメオスタシス――シナジェティクス＞は＜女性性＞＜母性性＞により深く関わる。

用語解説を兼ねて〝生命論パラダイム〞による組織理論を以下で説明する。

## 1、アフォーダンス、アブダクション、アテンダンス

アフォーダンス（affordance ＝**状況適応**）とは、生態学的知覚システム論者のギブソンの用語である。「現象のさまざまな面から反射される構造化

された包囲光にはアフォーダンスに対応する情報が含まれている。生物は進化の過程でこの情報を抽出することのできる知覚システムを発達させてきたとみなされる。推論・解釈といった内的過程によって捉えられのではなく、直接的に知覚されると考えられる。ただし、この直接法は知覚の受動性を意味するのではなく、むしろ知覚に備わる能動的な身体的活動により可能となると考えられている。知覚と行動が相補的という観点がギブソンの知覚論の基本である。ギブソンは、現代の認知主義の見方への原理的な次元での批判者の一人、状況の役割を強調する認知理論の創始者の一人という位置を与えられている」(『現代哲学思想辞典』〔岩波書店〕)。

人間は、環境から提供される諸々の情報やそれに反応する場の状況に適応し、それを活用しながら、つど自らの最適行動を編集・再編集・再々編集……しつつ生きている。個々の人間だけでなく人間が集まってつくる各種の集団、企業組織でもそれは同じである。本書ではその関係構成的活動性をアフォーダンスと捉える。

**アブダクション**（**abduction** ＝**状況開鑿**）とは、「(プラグマティズムの創始者の一人とされる）パースによって、科学的探究と方法の一つとして定式化されたものである。仮説形成、仮説的推論とも訳される。パースの科学的方法論では、われわれの科学的探究は、ある仮説の必然的帰結を確定するところの演繹と、この帰結が観察事実といかに近似しているかを検証するところの帰納に先立って、それまで説明の与えられていない不規則的現象のうちに一つの仮説的秩序を見出す過程としてのアブダクションが遂行されるとする。これは、ある所与の現象を有意味で合理的な全体として把握するために、その現象を仮構的に解読しようとする過程であり、その真理性には何らの論理的保証もないが、しかしその合理性を完全に否定することは科学的知識全体を不合理なものに帰着させることになるとされる。このような〈発見の論理〉については、現在その基礎をめぐって認知心理学的な研究が進められているとともに、工学的デザインその他の分野でその応用が模索されている」(『現代哲学思想辞典』〔岩波書店〕)。

人間が何か新しいことを試み実践するときには、覚悟を固めて自分がこうと信じる途を選択しながら、とにかく事態開鑿的に一歩を踏み出さなくてはならない。単なる場当たり的な決断主義や冒険主義によってではなく、また状況に流されてそうするのではなく、予め綿密に立てられた計画によってでもなく、人は直観的判断でもってそうする。そこにこそ人間の自立と自由があるとの確信をもってそうする。本書ではその事態開鑿的自立性をアブダクションと捉える。企業組織ではそのことは日常的に営まれている。

**アテンダンス**(**attendance＝態度決定**)とは、置かれている状況や遭遇する事態に対して、自分の身をどう曝すか、自分の立ち位置をどう定めるか、身の構えをどう定位するか、自己をどう定立するか、その能動的な態度決定、体勢制動(対機姿勢)のことである。分かりやすく言えば、何かの事態に直面したとき人は多かれ少なかれ緊張して精神的・身体的に居住まいを正すが、その「居住まい」のことである。人間は「行動」に移る前に、状況や事態に対して正面から向き合う「姿勢」がなくてはならない。「態度」を決める、意思決定する、そこには身体的・精神的「構え」がある。中古わが国ではそのことを「心ざま」「心おきて」「心たましひ」などと呼んだ。その精神的・身体的「居住まい」「姿勢」「構え」のことを本書ではアテンダンスと捉える。企業組織が掲げる経営理念、中核価値、ミッション、などはすべてこのアテンダンスのことを言う。

## 2、エマージェンス、コヒーレンス

**エマージェンス（emergence ＝生命的活力）**とは、人間の〝いのち〟の活性のことである。組織を創発性（エマージェンス）の渦巻くダイナミクスの場へと活性化させることはつねに組織論の中核的課題である。人が集まり組織が形成されるところではどこでも、他からの強制・指示・命令がなくても組織成員各人および組織自体がそうなることが目指される。

**コヒーレンス（coherence ＝結束力）**とは、生命エネルギーを結束させることである。成員各人の創発的エネルギーがバラバラになって散逸することのないよう、全体をベクトルの揃った共生的結束性（コヒーレンス）へともたらすことである。強い個同士の自由闊達な活動が組織活性の源泉となり組織発展の原動力となるのである。（スピノザが民主制政体論で最も深く考究したのもそのような場にコヒーレントな秩序をもたらすには何が必要かということであった……後記）。

## 3、オートポイエーシス、シナジェティクス、ホメオスタシス

最初に自己組織的に動機づけられ秩序づけられた人間の活動集団が生まれる（オートポイエーシ

ス）。それは周りの環境条件（他の人間活動集団を含む）と共振（協働）しながら（シナジェティクス）、恒常的安定性を保ちつつ、自己の斉合的一貫性を把持しつづける（ホメオスタシス）。

**オートポイエーシス（autopoiesis = 自己組織性）**とは、神経生理学者マトゥラーナによって着想され、社会学者ルーマンによって一般システム論に普遍化された概念である。他律的原因をもたず自己原因のみによって自己を自己組織的に自己生成する系がもつ特性（自己言及性）である。個々の振る舞い（作動）とその相互作用関係を通して全体の振る舞い（作動）が決まり、同時に全体の振る舞いによって個々の振る舞いが変わり、その振る舞い（作動）の相関継続を通して系独自の位相領域が形成される。

このような自己組織系はつねに状況へと開かれていなければならない。しかし、開かれっ放しでは系は拡散し蒸発する。開かれつつも閉じられていなければならない。この「開かれつつ閉じ、閉じつつ開かれている」圏域が企業組織である。

オートポイエーシスによって、誰の指図も受けずに組織内の随処にダイナミックなエネルギー流束が自己組織的に形成される。それは公式のプロジェクトチームであったり、私的な研究会や勉強会であったりもするがそれによって既存の組織自体が自励発展的に秩序づけられていく。

**シナジェティクス（synergetics = 共振性）**とは、自己内部および他者との間、環境との間での共振現象のことである。「多数の異なるプロセスや構造が、互いに調和し合いながら、すべて同時に、またはある一定の経路を通って漸進的に形を変えながら、脈動する」（プリゴジン）。すなわち、平衡から遠く離れた状態において、パターン形成や発振などの相転移的な変化が共振的に起る協力現象のことを言う（ハーケン、プリゴジン）。

シナジェティクスによって関係性は、関係性の関係性、そのまた関係性……という具合に、互いに輻輳し合ってダイナミックな関係性ネットワークを構成する。こうして組織は互いに情報を発信・伝達・共有し合う場となる。問題はそれをいかに多様に、多彩に協調・共鳴・共振させるかである。その場をいかに協働組成的関係性（シナジェティクス）の豊かな交響の場に編成するかである。優れたマネジャビリティを具えた組織なら作為せずしてみなそうなっている。

**ホメオスタシス**（**homeostasis**＝**恒常性**）とは、場の状況において、また自己の心情において、恒常的安定性が保たれていることである。生物あるいは生物システムが不断の外的および内的な諸変化のなかにおかれながら、自らの状態を安定な範囲内に保って生命を維持する性質のことを言う（キャノン）。

組織が大きな環境変化に見舞われたとき、あるいはメンバーが自己の自立性を過剰に主張して場が百家鳴争の混乱に陥りそうなときには、個の自立性を最大限に確保しつつも組織のホメオスタシスが保持されねばならない。その恒常性保持には優れた管理性能が求められる。

## 4、ストレンジ・アトラクター、ヒステリシス、セレクター

台風をイメージしていただきたい。求心的中心（台風の目）に向かって四囲のエネルギーを巻き込

みながら（ストレンジ・アトラクター）、それまでに辿ってきた履歴に沿って新たな経路を切り開きつつ（ヒステリシス）、最適状況を選択しながら（同時に選択されながら）状態空間のなかを遷移していく（セレクター）。

**ストレンジ・アトラクター（strange attractor＝結束性）**とは、拠るべき中心価値のことである。漸近的安定性をもった平衡点や軌道のことをアトラクターと言うが、アトラクターの内部では軌道が非常に不規則な挙動をとり、初期値の微小な変化によって軌道が大きく変化してしまう例が数多く見られる。それをストレンジ・アトラクターと呼ぶ。補足すればこうである。台風や渦流では、それを形作っている水分子はつねに入れ替わって瞬時も止まらないが、そこに形成される渦はつねに形状を変えつつ、その中心に向かって自らを引き込んでいく（アトラクター）。一時的混乱はあっても、周囲の環境条件を織り込みつつ、つねに動的に安定した構造を保つ（ストレンジ）。

企投性と統治性能とが強く結び合わされた組織では、上からあるいは横からの権力行使はほとんど必要なくなる。なされるべきはただ一つ、メンバー各人の創発的エネルギーを求心的に吸引する中心価値（ストレンジ・アトラクター）を組織の中枢に打ち立てることである。成員各人の倫理道徳的価値中心をそれへと糾合できるかどうかでガバナビリティの成果が問われる。

ストレンジ・アトラクターとは分かり難い言葉だが、次の解説を参照されたい。「新しく登場するパターンを組織化する焦点であり、渾沌状態を脱却させる手段であり、動きに意味を与えるものである。中にはこれを組織の「魂」と呼ぶ人もいる。リーダーシップの主な仕事は、動きに意味を与えるストレンジ・アトラクターを発見し、そのまわりに信用という場を築くことだと信じている」（チャールス・ハンディ『企業の未来像』所収「想像のつかない未来」／トッパン）。

**ヒステリシス**（**hysteresis** ＝**経路依存性**）とは、ある量Aの変化によって別のある量Bが変化する場合、Aの変化の（これまでに辿ってきた）経路によって同じAに対するBの値が異なる現象のことを云う。履歴現象あるいは経路依存性と呼ぶ。台風がどの進路を辿るかは、そのエネルギー量の変化とそれが辿ってきた履歴に依存する。

ヒステリシスによって組織には安定的な経路発展が約束される。しかしそこには拠るべき軌範について成員全員の認識・納得・合意がなければならない。しかも、それはみなに見えやすい形で表徴されているのが望ましい。それがなされていれば成員各人はそれを参照項にして自分の行動を経路立ったものに自己調整することができる。通常われわれが組織文化と呼んでいるのはその経路形成的ダイナミクス（ヒステリシス）を保証する関係性軌範のことである。優れたガバナビリティが発揮できている組織には軌範となるべき優れた組織文化が日々生成され、それが伝統的に根づいていく。

**セレクター**（**selector** ＝**選択性**）とは、覚悟を伴う状況選択性（経路開鑿性）のことである。台風が周りの環境条件から選択されつつ自らの進路を選択していくように、そこには選択性と被選択性との相互生成的関係がある。

セレクターにおいて最も重要なのは組織がその経路開鑿、状況選択局面での意思決定を誤らないことである。すなわち経路開鑿性（セレクター）をどう強化していくかが企業統治の究極的課題である。

## 【補注3】〝生命論パラダイム〟――揺らぎ、自己組織化

次の文章はいずれもプリゴジンによる生命現象発生の機微についての物理化学的記述である（プリゴジン／スタンジェール『渾沌からの秩序』参照）。本書での〝生命論パラダイム〟に関する論述はほとんどこれらの文章を下敷きにしているので、少し長くなるが原文に即してできるだけ詳しく引用する。

「部分間の巨視的相関を通して巨視的な空間パターンが出現し、コヒーレントな非平衡相転移が系全体に行きわたる中で、系は漸近安定性をもった軌道に沿って履歴現象（ヒステリシス）を描きつつ、有限次元相空間に埋め込まれた有限次元アトラクターへと収束していく」。

企業組織の起動〜成長〜発展のダイナミクスもこれと同様の原理によって作動する。全体を視野に収めたうえで各部署が相互に協働するなかで、軌道安定性をもった秩序が自己求心的に形成されていく。

「多くの解が存在し、複雑な分岐現象があり、初めのランダム分布している空間から出発しながら、やがてこれらの巨大な相互関係の集合の中から特定の配列が選び出され、さまざまな組織化されたパターンが現れ、その中から新しい活動が次第に増大して系全体が安定する」。

生命的組織にあっては、各組織部署が相互協働を通して自己組織的に形成され、それらはやがて最適配列・最適行動へとまとめられていく。

「部分と全体の間のフィードバックによる空間―時間の修正によって、外界からの攪乱に対して構造安定性を高めつつ、また空間の限られた領域内で活性をあげながら、系をより進んだ進化へと導く」。

企業がさまざまな困難や混乱を乗り越えて行くなかで、構造安定性を高めつつ進化していくのは部分―全体間調停、時―空間修正のフィードバック機構によってである。われわれが活力ある日常生活を営む際にも同じ機序が働いている。

「非線形複雑系が分岐安定点を超すと巨視的過程に時間―空間的にコヒーレントな振舞いを起こす新しいタイプの自己組織化が発現する」。「この新しい構造はエネルギーと物質の流れを伴った、平衡から十分遠い状態においてのみ維持される」。「平衡からの距離と非線形の二つが系を秩序状態に導いていく源泉である。この分岐不安定性によって発現する秩序状態を、平衡構造と区別するために散逸構造と名付ける」。「散逸構造とは対称性の破れ、多重選択、巨視的範囲にわたる相関によって特徴づけられる状況である」。「この新しい秩序の出現は、基本的には巨視的な〝ゆらぎ〟が、外界とのエネルギー交換の結果、安定化されることに由来しており、この〝ゆらぎ〟が増幅されることによって非平衡系に自己秩序化がもたらされる」。

活力ある組織はもともと非平衡非線形の複雑系である。それが一定の臨界点（分岐安定点）を超えると多重選択が可能な構造安定性をもった新たな秩序状態（散逸構造と呼ぶ）へと自励発展する。言いかえれば、組織はさまざまな困難や異例事態を乗り越えることでその頑健性を増していく。〝ゆらぎ〟を通しての自己秩序化（外界とのエネルギー交換によって〝ゆらぎ〟が安定的に増幅していく状態）、その秩序化・再秩序化の不断のプロセス（各部署における創発的活性によって組織全体が動的安定秩序を実現していく状態）、分岐安定点を超す巨視的過程（組織が大きな環境変化に遭遇している状態）、非平衡非線形定常状態を保つ散逸構造（つねに自己革新体制ができている状態）、これらは「生―経営」論にとっても中核概念である。

「系は安定な挙動も不安定な挙動もできる。系が時間発展していくヒステリシス的経路は一連の安定領域と一連の不安定領域とを通過していく。安定領域では決定論的法則が支配している。不安定領域は分岐点近くにあり、そこでは系が複数の未来の候補の中から一つを選択することができる。決定論的性格と分岐点近くで状態の選択をする乱雑な〝ゆらぎ〟とは不可分に結びついている。この必然性と偶然性の絡みが系の歴史を形成している」。

企業の経路発展は、安定性と不安定性、必然性と偶然性、決定論的作動プロセスと選択的意思決定プロセス、これらの領域が絡み合う〝ゆらぎ〟の中で進行する。単線的・直線的な発展はあっても短期間かつ局所的である。

「進化の基本的機構は、探索の機構としての分岐と、ある特定の軌跡の安定化させる相互作用の選択との間のゲームに基づいている」。「状態変数値からの絶えざる偏移＝ゆらぎが内在的動力学の一部となって、系自身の自己組織化と自発的発展が生まれる」。「非線形複雑系では初期条件の微妙な変化や、環境条件の変化によって異なった種々の現象が周囲に波及し、空間的パターンや時間的リズムの形で巨視的スケールの自己組織化現象をもたらす。また分岐や多重解の選択を通して異なった振舞いのモードの間を移転する能力をもっている」。「状態から逸脱しようとする局所的な小さい出来事は直ちに発生する反作用によって必ずしも消去されるとは限らず、その代わり系によって受容されさらに増幅されることもある。その結果、局所的な小さな出来事が革新性と多様性の源泉となりうる。この適応性こそが非平衡複雑系が平衡系と似ても似つかないような新しい状態へ分岐していくことを可能にする源泉である」。

企業の進化、揺らぎを通しての自己組織化、状態空間の中での自己革新的適応、等の「生─経営」の諸原理はこの記述に尽くされている。探索（分岐）と選択（安定化）、偏倚と移転、受容と増幅、変化と波及、これらの間の作用・反作用が組織が不断に革新されていく源泉である。小さな揺らぎ（分岐や多重解の選択）が新たなパターン、リズムの創成を通して組織の革新性・多様性・適応性の源泉となるのである。

「反応系では、対称性を破る分岐において、内在するフィードバックを通して小さな摂動やゆらぎの効果を増幅することによって局所的暴走現象をもたらす。拡散はこれによって生じた不均質性をならす傾向をもつ。しかし拡散速度と反応速度が同程度になると非均質性を消しさることが十分できなくなり、その結果として空間的パターンが生じる」。「均質であった媒質内に空間的パターンが出現するためには、ゆらぎの拡散速度と系の反応速度のバランス、系のサイズなどに一定の条件が必要である。この条件が満たされないとゆらぎは拡散・消滅し、系は平衡化する」。「対称性の破れへと至る転移を経て、新しい性質をもった秩序が生み出されるプロセスが生命に関する現象の重要な特徴のひとつである」。

これらの文章は、組織がユーフォリア的暴走に至る経緯、あるいは逆に不活発な停滞に陥る経緯、あるいは同じ要因が新たなパターン形成を通して次なる発展のチャンスともなる経緯についての記述と読むことができる。対称性の破れや分岐は局所的暴走を生む契機ともなるが、それは同時に拡散と反応を通して組織に新たな空間パターンを生み出し、場合によってはそれが組織に相転移的発展をもたらす契機ともなるのである。「生―経営」にとって問題は自らの内部にそのような自励発展の契機がどう内包されているかである。

「ゆらぎによる平衡釣り合いからのズレで系が臨界次元を超えると、巨視的領域に亘って空間的コヒーレンスが確立する」。「自己触媒的作用、自励振動的振舞いの推移により、部分同士の間に明確な位相関係を保ちつつ、協調的な空間相関＝コヒーレンスが系全体に広がっていき、系は新しい状態へと遷移する」。「不可逆的不均質性自身が選択の原因となって空間的に非対称な情報に富む物質の形が形成される。この不均質性が情報伝達のプロセスを生む源泉となり、相互の位置情報を伝達しあって、一種の座標系を系内に提供することになる」。「状態空間の場における内在的な空間微分や濃度勾配による空間対称性の破れた状態の出現は周囲の媒質へ中継され、フィードバックによって系の振舞いを活性化する」。「不安定性の臨界点に近づいた極限では、系の振舞いは長距離相関という予期されなかったような現象を起こす」。「系は巨視的な部分系が互いに独立に変動するのではなく、互いに長距離相関をもって結合した振舞いを示す」。「短距離相互作用による活性化現象と、長距離相互作用による抑制の役割、およびそれらの非線形相互作用＝フィードバックが形態形成、秩序構造の出現に重要な役割を果たす」。

敷衍すれば次のようになる。＜系が平衡釣り合いの保てる臨界次元を超えると、その時点で系自身が具えている自己触媒的励起作用によって、系に協働的な空間相関（コヒーレンス）が生じ、そこから系は新しい位相へと遷移していく＞、つまり、系が相転移的進化を遂げるのは、平衡釣り合いが破れる臨界点を超えるときである。したがって組織にとっては、その臨界次元を見落さず、場合によっては意識的にそれを作り出すことが大事である。

＜長距離相関（制御機構）と短距離相関（活性化機構）の非線形相互作用を通して各部署は互いの位置情報を伝達し合い、座標系全体に情報の微分的濃度勾配を生み出し、それが活性化フィードバック作用となって組織に秩序構造をもたらす＞、つまり、組織に秩序や構造がもたらされるのは、各部署や業務間の情報位相差を情報伝達と情報共有によって平準化するプロセスによってである。したがって組織にとっては、情報伝達のフィードバック機構をうまく組織にビルトインして、それを効果的に作動させるよう工夫することが大事になる。

要するに、揺らぎによる平衡からのズレで組織は活性化されるが、それは同時に組織にコヒーレントな相関秩序をもたらす制御機構をも内発させる。この活性化機序と制御機構の間の複雑な相互作用から秩序ある位相空間が出現する。つまり、揺らぎの活性化作用と、そこから生まれる制御作用、この両者の間の相互作用を通して、組織はより強靱な秩序体へと進化していくのである。ここに「生—経営」論のポイントがある。

「非平衡定常状態を維持するためには、内部で生成されるエントロピーと等量の負のエントロピーを系に不断に供給しなければならない。平衡から非平衡へ漸次移行するとき、エントロピーは連続的に滑らかに減少する（負のエントロピーは増大する）、この拡散の中の物質の流れの逆転（＝能動輸送）によって、形態形成場の中を形態形成因子が伝播し、位置情報が形成され、情報の位相勾配が確立し、空間パターンが生まれる」。

組織活性化のためには、組織にはつねに新しい情報資源（負のエントロピーの能動輸送）が注入され、その場が非平衡状態に保持されている（情報勾配の平準化作用が機能している）必要がある。そうすれば組織には自ずと形態形成因子（たとえば、メンバーに共有された課題意識）が作動し始め、それが伝播されて、組織は秩序（空間パターン）づけられる。

「われわれが住んでいる世界は決定論的現象と確率的現象、可逆的現象と不可逆的現象が見出される多元的世界である」。「系がおかれている条件がかわるにつれて異なった現象が隣りあわせに共存していく世界である」。「転移の重大な瞬間においては系は二者択一的な選択を行うが、そこではただ偶然だけがゆらぎの動力学を通じて選択される状態を決定することができる」。「相転移の機構をとおして系はより秩序だった状態へ発展していく」。「その後の引き続く発展がこの決定的な選択に依存するという意味において歴史性（ヒステリシス）をもつ対象となる」。この「動的現象が構造安定現象」である。「このような分岐限界点が常に出現する頑健さを系がもつとき、その系は構造安定である」。「状態空間の探索に必要とされる革新的要素が系に与えられ、長距離相関によって巨視的領域と時間間隔にまたがる集団的振舞いを維持する能力が系に付与されれば、それに伴って新しい現象が発生する」。「あたかも各部分がその周囲の振舞いを注視し考慮にいれることで、自分の役割を認識するかのごとく、全体のパターン形成に参加しているかのように振舞うのである」。

決定論的現象と確率論的現象、可逆的現象と不可逆的現象の隣接共存、およびその間の相互作用によって組織は不断に自己変革、自己制御を繰り返しながら、相転移的に自励発展していく。企業の組織活動は革新的要素と構造安定化能力との間の緊張に充ちた動的なプロセスなのである。そのヒステリシスを通して組織は頑健性を増していく。頑健性とは、〈あたかも各部分がその周囲の振舞いを注視し考慮にいれることで、自分の役割を認識するかのごとく、全体のパターン形成に参加しているかのように振舞う〉ことである。ここに「生―経営」の機微が余すところなく表現されている。

「非線形性は物理・化学・生物・生理および社会問題にいたるまで、ごく一般にみられる現象である。それを拡大適用することは無謀な企てに見えるだろうが、このような手順は模型化の方法の中心に位置する」。

物理・化学現象を社会事象である企業組織論に適用しようとする一見「無謀と見える企て」も常軌的意識に泥みがちなわれわれの意識に相転移的な変革をもたらす一つの模型化の試みと言ってよいであろう。

「われわれが住むのは、成長したり減衰したりする多様な揺らぎの世界である。このような揺らぎは、不安定熱力学の特徴的レベルで生じる揺らぎの基本的特徴からの巨視的現れなのである」。「時間の流れは、巨視的レベルで増幅され、生命のレベルでも、最後には人間活動のレベルで増幅されていく。あるべきレベルから他のレベルへの移行をもたらすものについては、ほとんど何も分かってはいないが、しかし、少なくとも動力学的不安定性に根差した自然についての無矛盾な記述は得られたのである。生物学と物理学から提供される自然記述は、いまや歩み寄り始めている」。「創発しつつあるのは、決定論的世界と偶然性だけからなる恣意的世界という二つの人間疎外的な描像の間の中間的記述である。世界は法則に完全に支配されているものではないし、世界はまたまったく偶然に支配されているわけでもない」。「いまやわれわれは組織化の動力学的起源や、複雑性の起源の動力学を理解し始めているのである」。「われわれは、いま新しい地平、新しい問題、新しい危険を見いだしつつある特権的時期に生きているのである」(プリゴジン『確実性の終焉』/みすず書房)。

生命論パラダイムによる企業組織論、すなわち「生―経営」論の可能性がここに闡明されている。そこに予見されているのは、法則に支配されるのでもなく、偶然に支配されるのでもなく、その中間にあって不断に動力学的発展を遂げていく人間実存(それは不安定熱力学の巨視的現れと見なしうる)の新たな地平である。最後にアルビン・トフラーから引用する。

「世界システムはプリゴジン的性格を帯びつつある。この構造の中ではシステムのあらゆる部分がたえず動揺している。内外の動揺が集まって起こるとシステム全体の崩壊をひき起こすか、あるいはより高次の改造をもたらす。結局のところこの重大な瞬間にシステムは決して合理的に働かない。それどころかまったく偶然まかせの動き方をするのだ。したがってその動きを予測することは難しくなり、場合によっては不可能とさえなる」（アルビン・トフラー『戦争と平和』）。

必然性と偶然性の鬩ぎ合う中間領域に組織状態を把持することが、組織の生命的活性を不断に賦活する要諦である。「生―経営」論の結論もそこにある。

以上は、主としてプリゴジンからの引用であるが、これは同じく生命論パラダイムの提唱者であるマトゥラーナ、ヴァレラの次の記述（『オートポイエーシス』）と重なり合う。

「組織は要素に還元できない。要素間の相互作用の結果生じることの意味は組織が決定する」。「組織は決まった役割をもつパーツの集合ではなく、全体として機能することをとおして特殊な機能をもつパーツが出現するのである」。「生物が生みだす現象は、その構成要素の性格ではなく、その組織のなりたちかたに依存している」。「要素の特性を構成し、特定するのは相互作用のネットワーク全体である」。「組織の振舞いとは、内部構造変化に伴う組織の状態変化であり、組織に加えられた状態変化によって内部構造を維持する組織特性のことである」。

機械論的要素還元主義を排して、部分と全体の相互作用を通して組織特性が形成されていく生命論的機序を物語って間然するところがない。組織の内部構造変化と組織の状態変化および組織の状況適応とは一体であって、その相互作用のネットワーク全体が組織の成り立ち方を決めるのである。

マトゥラーナ（1928～）――チリ生まれの生物学者。生物の組織化と神経システムの機能の研究に取り組み、オートポイエーシス理論を創始。

ヴァレラ（1946～2001）――チリ生まれの生物学者。神経細胞やサイバネティクスの分野ですぐれた業績をあげた。

イリヤ・プリゴジン（1917～2003）――ベルギーの物理学者。「散逸構造論」で1977ノーベル化学賞。その考え方が物理・化学領域のみならず生命や社会構造の現象を理解する上でも有効と注目される。「世界システムはプリゴジン的性格を帯びつつある。この構造の中ではシステムのあらゆる部分がたえず動揺している。したがってその動きを予測することは難しくなり、場合によっては不可能となる」（アルビン・トフラー）。

これらの各項はそれぞれ複雑に重なり合い、絡み合い、交錯し合い、相互作用し合っている。ここにあるのは、〝生命論パラダイム〟によるメンバー相互の関係性・自立性への「促し」と「束ね」だけであって〝機械論パラダイム〟による上からの、あるいは傍からの権力行使的な「働きかけ」はどこにもない。かくして、組織は生命的活力が漲る場となり、経営は「生―経営」となる。そして、「生―経営」では組織活動はこれまでとは様相を一変し、〝生命論パラダイム〟に則った「生―リーダーシップ」が専ら働くこととなる。この〝生命論パラダイム〟に立脚する「生―経営」「生―リーダーシップ」および「生―リーダー」については次の「第五章」で取り上げることとする。

機械論から生命論へのパラダイム・シフトによって、家父長制的権力支配構造が脱構築されれば、資本制下の生産管理体制・組織管理体制の柱である＜管理・統制・指示・命令＞といった権力行使的側面は後景に引き、＜相互学習、相互理解、相互支援、相互信頼＞という相互行為的側面が前面に出てくる。その関係を図解すれば［図3］のようになる。

| | |
|---|---|
| 管理<br>⇒相互学習<br>（セレクター効果） | 指示<br>⇒相互支援<br>（ヒステリシス効果） |
| 統制<br>⇒相互理解<br>（ホメオスタシス効果） | 命令<br>⇒相互信頼<br>（シナジェティクス効果） |

・管理に代えて、相互学習による状況開鑿力の向上（セレクター効果）
・統制に代えて、相互理解による恒常的組織安定性の確保（ホメオスタシス効果）
・指示に代えて、相互支援による状況判断力の向上（ヒステリシス効果）
・命令に代えて、相互信頼による成員同士の創発的協力体制の構築（シナジェティクス効果）

［図3］

これらの諸効果の相互賦活が「生―経営」「生―リーダーシップ」論の主要テーマとなる。そこでは〝機械論パラダイム〟による権力行使的な側面に代えて〝生命論パラダイム〟による自律共生的な側面が強く打ち出されることとなる。本書が拠って立つのは、当面その先兵役を担うに相応しいのは

〝機械論パラダイム〟に深く浸潤されて生きている男性よりも〝生命論パラダイム〟を比較的に無垢のまま生きている女性の方であり、それによってパラダイム転換がもたらされるならそこに男女性差が真に撥無された〝いのち〟の経営空間が実現するだろう、という立場である。すなわち、「女性が輝く時代」の到来とは、「女性性」原理によって組織文化（業務運営体制、組織編成原理）に相転移的な変革がもたらされるということである。

# 第五章　「組織文化」の変革・刷新

「男女共同参画社会」が提唱されて久しいが、それが目指すのはどういう社会か。男性原理で統べられた社会へ単に女性が男性と同等の資格で参画するだけのことを言うのなら、それは男性原理社会の存続にむしろ荷担するものでしかない。

「男女共同参画社会」論において先ず取り上げられるべきは、男性と女性とがそれぞれの特性を活かしつつ男女協働の場・機会をどれほど多様かつ公正に用意できるかである。男女を問わずメンバー全員が互いの自己反照的討議を通してそのための具体的方策をできるものから一つずつ着実に実践していくことである。

問題の本質は、管理職の中に占める女性比率をどう高めるかなどではない。男女（男同士、女同士も含めて）が同じ地位やポストを巡って肩肘張って競い合うことでもない。ましてや労働力不足を女性労動力（あるいは高齢者労働力、外国人労働力などの限界労働力）の動員によっていくらかでも繕おうとするような当面糊塗策に問題を矮小化してもならない。究極的には、男女を問わず（年齢に拘わらず、国籍に関わらず、障害の有無・程度など身体条件などに囚われず）誰しもが人間として平等に労働市場に参加し、その特性に応じてそれぞれが所を得て存分にその力能を発揮でき、その成果が適正に評価される、そういう多様性社会をどう実現するかである。

現実はどうか、さまざまな障礙によってその実眼可能性は広範に閉ざされ、または狭隘化されたままである。それらの障礙を一つずつ取り除いていくのが企業経営者に課された当面の仕事である。中でも経営者が率先して取り組まねばならぬのは、社員の意識変革であり、組織文化の刷新である。日常実践のなかで民主主義的組織文化をいかに根づかせるかである。「男女共同参画社会」の実現とは、端的に言って、経営者自身による組織体制それ自体の、つまりは「組織文化」の変革・刷新なのである。何となれば、民主主義社会における最大のプレーヤーにして、かつそこから最大の恩恵を蒙っているのは「企業」なのだから。

## 企業内〝民主主義〟

ここで言う〝民主主義〟を「人間的尊厳と人格的自立が保証され、全員が市民的自由を最大限に確保できていて、しかもそこに安定した秩序が持続的に実現していく」（宇沢弘文『ウエブレン』／岩波書店）プロセスと理解するなら、そしてこれを企業組織に置き直すなら、「社員一人ひとりの尊厳・自立・自由が保証され、全員に本人が希望する回路へのアクセスが最大限に援助され、そこへと到る各人の自由な振舞いによって場に済々たる組織秩序が持続的に形成されるような組織体制の実現」と言い直すことができる。実際の企業でこれができているところがどれほどあるか、ましてや女性に対してどうか、「女性が輝く」とはそういう「組織体制」の実現を女性一般に対して広く保証することである。（それにはもちろんそれに値するだけの実質（能力・資質・人格）が伴っていなければならない）。

近代資本主義は社会の民主主義化を押し進める一方で、労働力を＜機械論的労働生産性＞という共通尺度で一率にグラインダーにかける強権的制度として発展してきた。社会的・文化的に作られた性差別（ジェンダー）もその中で再生産されてきた。しかし、これからの知識情報社会では身体的・体力的な男女差は全くと言ってよいほど問題にならないのであるから、そこにおいて問われるのは、単なる＜機械論的労働生産性＞ではなく知識情報活用力に基づく＜生命論的付加知価生産性＞でなくてはならない。つまり、＜物的価値生産性＞から＜文化的知価生産性＞への転換である。農業資本主義―

商業資本主義―産業資本主義―金融資本主義と発展してきた資本主義をその原点である「文化資本主義」（人類の生活文化の発展向上に資する資本主義）へと回帰せしめることである。それを通して＜資本主義の文明史的転換＞を図るのである。「女性が輝く」時代とは、＜さまざまに設えられた各種差別体制の根源的な廃絶＞を通して＜文化価値創出主体としての人間＞の存在を改めてクローズアップさせる、いわば歴史的課業なのである。「女性が輝く時代」の到来とは「女性」がその＜人間＞存在の表徴となる時代が来たことを意味する。

＜生命論的付加知価生産性＞という概念は極めて広範な領域へとその射程を延ばしている。各自がどのような知価生産力能を有するのか、互いが他者の知価生産力能をどうネットワークしコラボレートできるかがそこでは問われる。単に知識や経験の量が問われるのではない。さまざまな知価資源をどう評価し、異質の知価の組み合わせやその総合化からどのような新しい知価を産出（加えて、その成果を適正に評価）するかの智恵が問われるのである。そこにはそもそも男女性差はあり得ようはずがない。根本的に問われるのは生命的活性の相互賦活作用である。権力構造的に組み立てられてきたこれまでの息苦しい組織体制をそれによってどう脱構築し、その結果として「女性が輝く」ことのできる「組織文化」を仕事現場の隅々にまでどうやって浸透させるかである。

端的に言って、それは〝生命論パラダイム〟によって「ガバナビリティ（企業の組織統治性能）」、「マネジャビリティ（企業の組織運営性能）」、「リーダーシップ（組織成員の自律共生性能）」をどう変革・刷新させるかである。

## 「ガバナビリティ、マネジャビリティ、リーダーシップ」

「ガバナビリティ」と「マネジャビリティ」は［図4］に示すような基本構図を共通してもっている。①状況に適応しながら（アフォーダンス）、②状況を開鑿しつつ（アブダクション）、③そのなかであるべき立ち位置をつど決定していく（アテンダンス）、その相関を図示したのがこの基本構図である。

「リーダーシップ」はこの①②③の相関を上下に貫いて、［図5］に見るようにメンバーの意欲

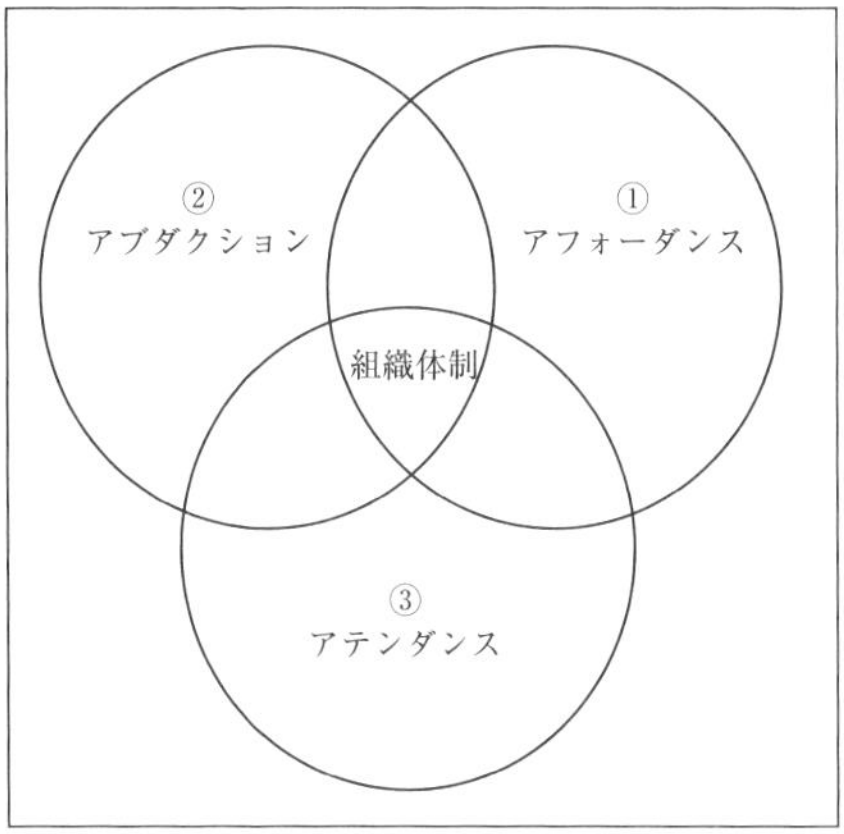

［図4］

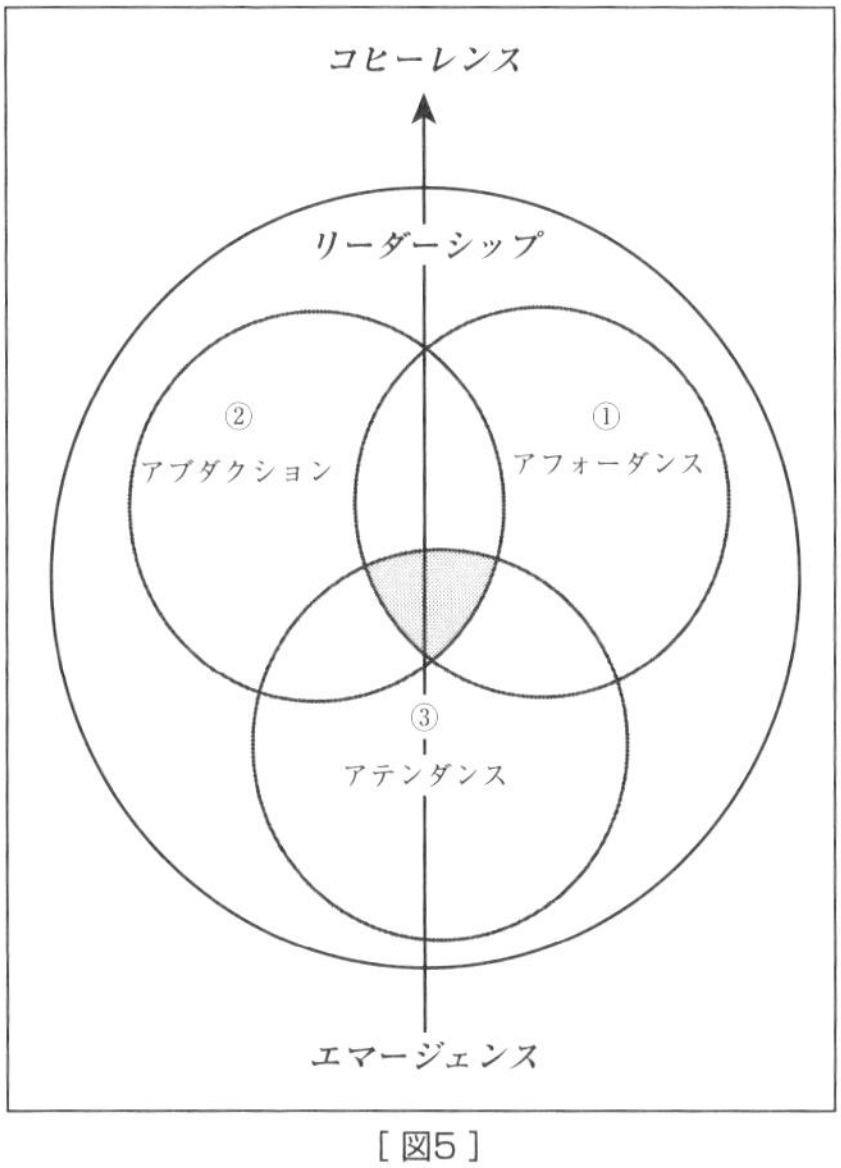

［図5］

を喚起し（エマージェンス）、それを目標へ向けて結束させる（コヒーレンス）働きである。この「リーダーシップ」によって①②③の基本構図はほどけることなく統摂される。

ガバナビリティ、マネジャビリティ、リーダーシップ」という組織体制上の基幹をなす3機序は、〝生命論パラダイム〟へのパラダイム・シフトによって、権力行使的な管理統制的機序に代わって、以下に示すように自励発展的機序へと変革される。

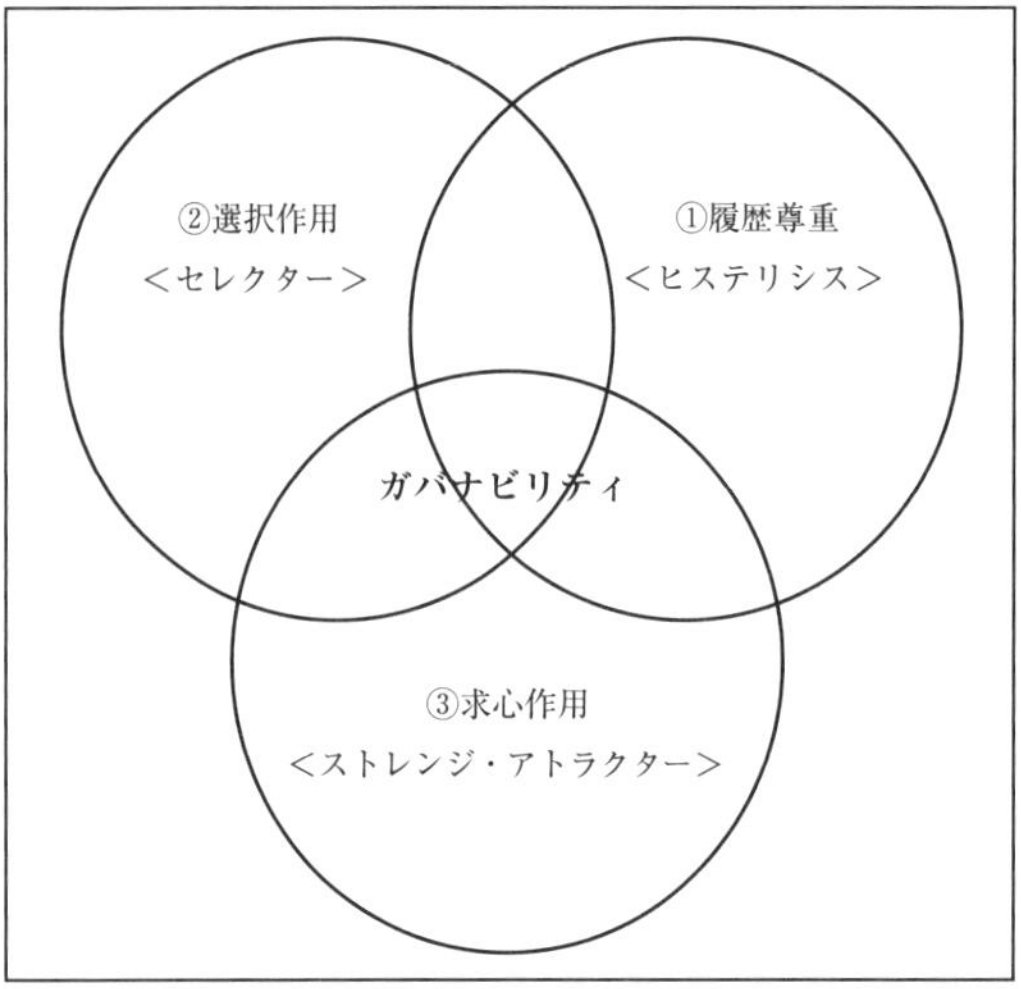


［図6］

### （1）「ガバナビリティ」の変革

①「ガバナビリティ」は、場のエネルギーをそれまでの経路履歴を尊重しながら最適配置・配分・作動させる働きへと変革される。そこは、必要なら自ら進んで「犠牲になる精神」が生まれる場ともなる。——＜ヒステリシス（場がそれまでに辿って来た経路に沿って新たな状況を生成する）＞の作動局面である。

②「ガバナビリティ」は、場のエネルギーをあるべき方向に向けて選択的に動員する働きへと変革される。そこには、あらゆる障礙を乗り越え

て、見定めた目標に向かって、前進して已まぬ「気概（勇気・逞しさ）」が求められる。——＜セレクター（場の状況や外部環境を巧みに選択しつつ意思決定を行う）＞の作動局面である。

③「ガバナビリティ」は、場のエネルギーを中心価値に向けて求心的に引き込んでいく働きへと変革される。そこには、この世の中にある乗り越え不能な制約を前にして時にはキッパリと断念することもできる「潔さ（諦念・覚悟）」もなくてはならない。——＜ストレンジ・アトラクター（中心価値を堅持し全体をそれへと糾合する）＞の作動局面である。

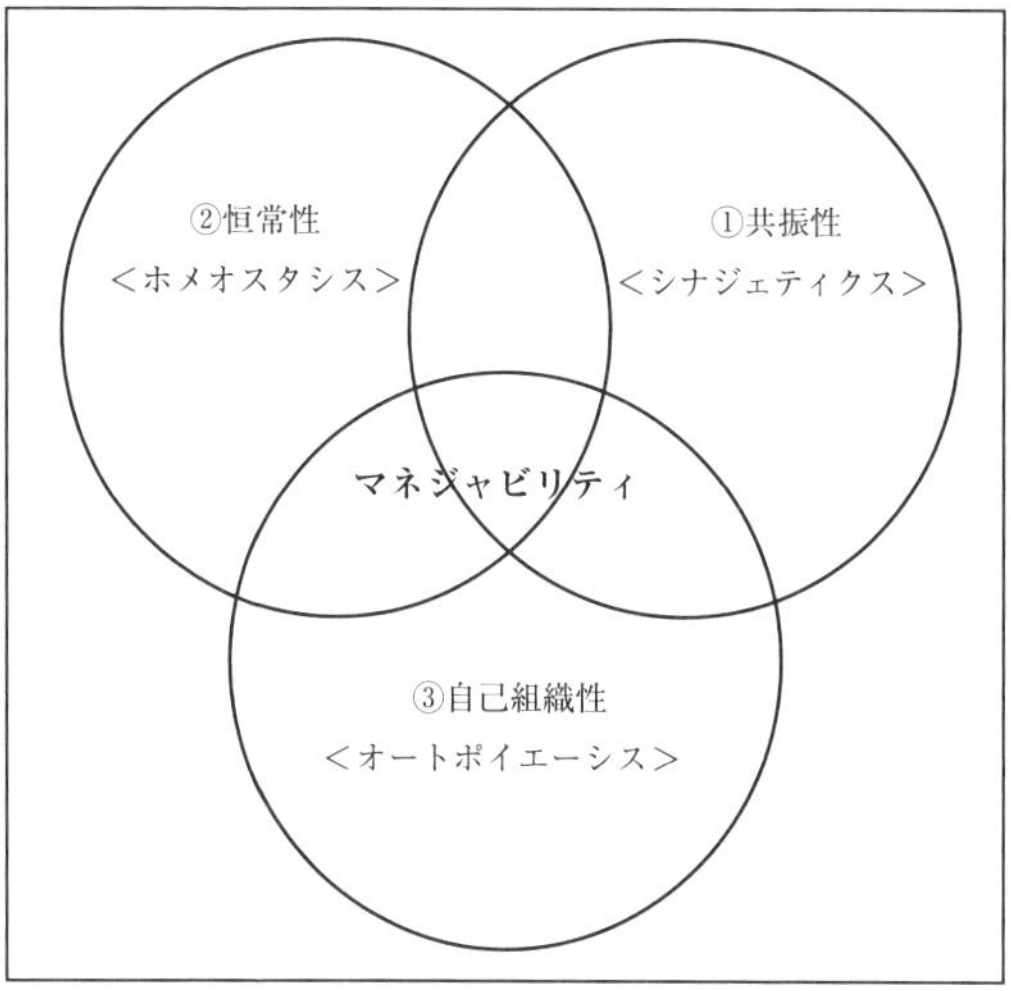


［図7］

こうして変革された「ガバナビリティ」によって組織の生命的活性が賦活されることで、権力行使に繋がるような＜管理＞や＜指示＞などは影をひそめ、あるのは＜相互学習＞や＜相互支援＞に基づく＜見守り＞だけとなる。

## （2）「マネジャビリティ」の変革

①「マネジャビリティ」は変革されて、場のエネルギーをあらゆる部署で共鳴・共振させ合う働きとなる。そこでは、他者の思いや欲求をべー

スにして物事を発想できる「共感性（柔軟な対応力）」が問われる。――＜シナジェティクス（情報を発信・伝達・共有し合って、共鳴・共振・協働を組織内外に亘って組成する）＞の作動局面である。

②「マネジャビリティ」は　、場のエネルギー活性を恒常的・安定的に持続可能にするよう配慮する働きとなる。そこには、将来を展望した「思慮深さ（丁寧さ）」が求められる。――＜ホメオスタシス（どんな環境変化に対してもつねに恒常的安定性を保持して適切に対処する）＞の作動局面である。

③「マネジャビリティ」は、場のエネルギーを自己組織的に秩序化する作用となる。そこには、場の隅々にまで行き届いた「思い遣り（やさしさ）」がなくてはならない。――＜オートポイエーシス（人的ネットワークや管理体制が自己組織的に形成され秩序づけられるよう場を導く）＞の作動局面である。

こうして「マネジャビリティ」は生命的活性を賦活され、そこでは権力行使に繋がるような＜統制＞や＜命令＞などは影をひそめ、あるのは＜相互理解＞や＜相互信頼＞に基づく＜寄り添い＞だけとなる。

この生命的活性の賦活によって、「リーダーシップ」の内実にも次のように新たな展望が開かれることとなる。

### （3）「リーダーシップ」の新たな展望

すなわち、ガバナビリティを成立させる＜ストレンジ・アトラクター＝求心性＞・＜ヒステリシス＝履歴尊重＞・＜セレクター＝選択作用＞を賦活し、マネジャビリティを成立させる＜オートポイエーシス＝自己組織性＞・＜シナジェティクス＝共振性＞・＜ホメオスタシス＝恒常性＞をともども賦活するのが「リーダーシップ」の真のあり方だということである。

それが働き掛ける対象はあくまでも組織という「場」それ自体であって、けっして組織の成員メンバー個々人に対して権力を揮うことではない。［図8］を見ていただきたい。

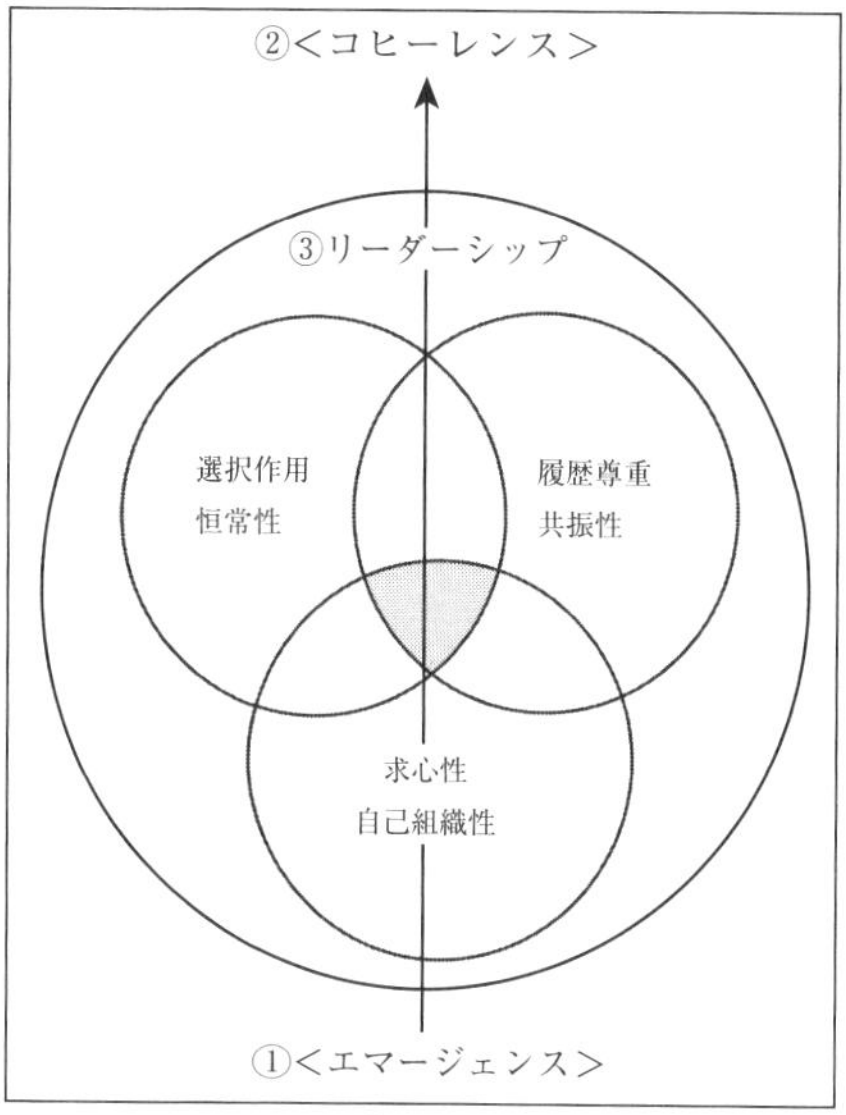

［図8］

① 「リーダーシップ」は、「場」のエネルギーを不断に賦活し続ける生成的パワーとなる。――＜エマージェンス（メンバーの活性を触発し、場の状況を常に新しくする）＞の作動局面である。

② 「リーダーシップ」は、「場」のエネルギーを共通目標に向けて結束させるパワーとなる。――＜コヒーレンス（ベクトルを揃えて互いの自律共生力を結集する）＞の作動局面である。

③「リーダーシップ」は、〈求心性・自己組織性〉、〈履歴尊重・共振性〉および〈選択作用・恒常性〉をそれぞれ賦活し刷新するパワーとなる。――〈アフォーダンス（状況を読み、活かす）、アブダクション（状況に創造的に適応する）、アテンダンス（全員が創発的活力をもってあらゆる状況に柔軟に主体的に立ち向かう）〉の統摂作用がそこにある。

この「リーダーシップ」によって組織は生命的パワーを賦活され、そこでは〝機械論パラダイム〟に依拠する〈指示・命令・管理・統制〉のような人為的権力行使の側面は影をひそめ、あるのは、〈相互学習、相互支援、相互理解、相互信頼〉のような自律共生を促す〈励まし〉だけとなる。

こうして「場」に生命的活性をもたらすリーダーシップのことを本書では「生―リーダーシップ」と呼ぶ。それによって組織「場」を活性化させる経営のことを「生―経営」と呼ぶ。

「生―リーダシップ」によって何がどう変わるか、次にそれを見ていく。

## 「生―リーダーシップ」

最初に〝生命論パラダイム〟から見た「リーダーシップ」論の概要をまとめておく。

「リーダーシップ」についての一般的定義は次に尽きている。「リーダーシップとは、人を引きつける個性ではない。人に影響を与えることでもない。リーダーシップとは人間の視点を高め、成果の基準を上げさせ、人間の人格をして通常の制約を超えさせるものである」（ドラッカー）。「リーダーシップとは指導や強制ではなく、人間の力の最高の資質を引き出し、そのレベルを引き上げるのを援助することによって、人をして挑戦に直面させ、価値観を修正させ、視点を変えさせ、それによって新たな行動様式を生み出すように促すプロセスである」（ミンツバーグ）。「リーダーシップとは、人と企業文化に訴えかけることで機能する柔軟でダイナミックなものである。ビジョンと戦略を描き、これらを実現させるために人々を結集し、彼ら彼女らをエンパワーメントするなど、さまざまな障礙を乗り越えて変革を実現させる原動力である」（コッター）。

すなわち、リーダーシップとはけっして縦《ほしいまま》に権力を揮うことではない。ときには権力行使的作用が必要な場合もあるだろうが、そのような場合であっても目的はあくまでもメンバーに組織のミッションに立ち返らせ、何とかその意識レベルをより高次の次元へと引き上げるよう促すことでメンバー自身が自力で課題解決に当たることができるように背中を押してあげることにある。それによってメンバー各人に「従来の枠組みや慣行を根底から変更し、旧来の軌道循環からは理解できないような変動を経験」させてあげ、そうすることで顧客や市場をはじめ周囲からの信頼と信用をより大きくより強く獲得できるように仕向けてあげることである。それにはリーダーの側でも「あらゆる困難を克服して革新を導入するだけの見識と行動力、意志と先見性、創造性」を具えていなければならない。彼を動機づけるのは「ビジョン、成功を目指す意志、創造的活動の喜び、満足感」であり、「飽くことを知らぬ行動への衝動、日常性と功利性に対する挑戦、創造活動による新しい軌道の設定」である（「　」は塩野谷祐一『シュンペーター的思考』／東洋経済新報社）。

要するに、リーダーシップとは上から管理統制的、指示命令的に権力を行使することではなく、メンバーの人間力・人格力（人間的実質・人格的資質）を最大限に解発し、そうすることで経営空間を不断に活性化し、組織文化に刷新をもたらすことである。人間は権力をもてばどうしてもそれを揮いたくなる。その誘惑を自己抑制することで強権発動をしなくても済むような状況を平素から作っておくのが真のリーダーの仕事である。

では、「生─リーダーシップ」とは何か。上記の一般的定義に加えてその特徴とすべきものは何か。繰り返しになるが、〈管理・統制・指示・命令〉を専らとする要素還元主義に立脚する〝機械論パラダイム〟（権力行使的な側面が強い）の対極にあって、〈相互学習、相互理解、相互支援、相互信頼〉といった〝生命論パラダイム〟（メンバーの生命的活力に依拠する）に立脚するリーダーシップがそれである。

企業が通常の平穏軌道にあるとき、あるいはルーティン的日常業務が中心の分野や部署であれば敢えて「リーダーシップ」の発動に特に意識的にならねばならぬ場面はそう多くはないだろうが、企業は常に異例事態に見舞われているし、特に変革期であればあるほど高度な判断でもって臨機に対処しなければならない緊急事態は日常的に発生するのであるから、そういう局面ではどうしても権力行使的リーダーシップに頼らねばならないことも起こり得るし、そこでは、トップマネジメントはトップなりに、ミドルマネジメントはミドルなりに、〈深い人間心理への洞察や人心掌握力、鋭敏な状況判断力、冷徹な現実感覚、自己抑制力、肉体的な忍耐力、胆力、瞬発力、等々を駆使して、困難な目標に向かって自らを含めてメンバーを力づけつつ駆り立てる〉ことも敢えてしなければならないこともあり得る。異例・緊急事態にどう対処すべきか、危機管理体制をどう整えるべきか、等についても予め全体方針を策定しておき、それへ向けての組織訓練も平素から行っておくことも必要である。危機が現実化し、それが組織全体を揺るがすような問題にまで発展したときそれに対する組織全体としての対処について具体的に指揮をとるのもトップに固有の仕事である。

以上を認めたうえでもなお、ここはよく考えてみる必要がある。そもそも日常の業務活動において異例・緊急事態が発生する（ないしは、それに見舞われる）のは主として現場である。企業がいま取り組まねばならぬ課題について生の情報を最も豊富に持っているのも現場である。現場から隔てられている人間や部署に現場に即した適切な状況判断を求めるのには何がしか無理がある。平素からのリスク・マネジメントにしても、エマージェンシー・プランにしても同様である。現場（およびそこで働く個々人）にその駆動原点を置かない危機管理制度（逸脱行為に対する監視・是正機能を含む）はどんなに精緻に組み立てられていてもうまく機能するはずがない。精緻に組み立てられていればいるだけ動きは柔軟性を失って硬直化する（真の責任の所在が不明確になる）。大切なのは、現場が主体的判断によって、適時・適切・適正に判断・対処できる状況（仕組み）を予め周到につくり込んでおくことである。現場で日常的に発生している異例・緊急事態（あるいは顕在化する可能性の高い現場のリスク）に対して具体的にどう対処するかは、予め定められた方針・基準・手順に則ったうえで現場が適時・適切・適正に判断して実践行動に移すのが本来であり、それが現場に固有の仕事であり、責任であり、義務であることを組織メンバー全員（特にマネジメント階層）が肝に銘じておくことである。現場の情報と智恵と経験が活かされることが何よりも重要なのである。現場が適切な行動をとらない場合、あるいは誤った対応をしている場合などは、やむなくトップ（管理上層部）が「権力を行使」してそこに介入する必要がある場合もあるだろうが、しかし、それはむしろトップの基準設定の曖昧さ、あるいは平素からの組織訓練や教育研修などに抜かりがあったことの証左であり、そもそもそういうところにまで事態を追い込んでしまった責任をこそトップが問われるべきである。その基本（経営者責任）をはずしておいて、末端の些末な事象にまでトップ（ないしミドル）が介入しようとするのはかえって現場を弱体化させるだけであり、場合によってはそれ自体が組織にとって逸脱行動（トップの意向を忖度して現場が守るべき規範を踏み外すこと）になりかねない。そういうトップ（ないしミドル）にかぎって、何事をも現場責任に帰して自身の経営責任を回避しようとする。少なくともトップ（ないしミドル）は以上の諸々に対して深く自覚的（自己反照的）であるべきである。

そこに登場するのが「生―リーダーシップ」である。「生―リーダーシップ」が目指すのは、成員メンバーが自発的に集団活動に参与し、それによって成員の集団への帰属意識を高め、集団の結束性を強め、集団の持続的発展を強化し、集団の掲げるミッション（中核価値）に向けて成員を一致協働（協力同心）せしめることである。そこには権力行使的な要素はいささかもない。そして、成員メンバー（トップ自身も含めて）に求められるのは、〈個々の生命体同士としての人間が集まって形成する秩序づけられた生命体としての組織を組成する原理は何なのか〉を自らに対して不断に問い直すことである。〈男女の性差や個々人の間にある多様な差異を認めたうえで、「差異」に根差した「平

| | リーダー本人のあり方 | リーダーとメンバーの関係 | リーダーと組織の関係 |
|---|---|---|---|
| ①即自的自己を<br>サポートする働き | 平常心<br>自制心<br>忍耐力 | 自己抑制<br>複眼的思考 | 深い人間理解に<br>基づく人間的<br>信頼関係の構築 |
| ②対自的自己を<br>サポートする働き | 自己犠牲の精神 | 謙虚さと<br>ユーモアのセンス | 出処進退の<br>明確さ |
| ③対他的自己を<br>サポートする働き | 大局観と<br>総合的判断力 | 教育的説得力 | 公明正大で<br>節を曲げない<br>意志力 |
| ④即他的自己を<br>サポートする働き | ポジティブシンキング | ユニークネスの<br>創造 | オープンマインド<br>（他者へと開かれた<br>振舞い） |
| ⑤相即的自己を<br>サポートする働き | 積極果敢な行動力と<br>規範意識 | メンバーの<br>強みに焦点化 | ミッションの唱導と<br>ビジョンの提示 |
| ⑥相対的自己を<br>サポートする働き | 事業構築の展開と<br>開かれた企業理念<br>組織文化の生成 | メンバーと<br>成果の分かち合い | 部門間調停と<br>場の調律 |
| ⑦客対的自己を<br>サポートする働き | 参加的協働の組成と<br>役割分担の明確化 | 組織の組み替えと<br>事業構造の刷新 | 知価資源の効率的動員<br>と時間・スピードの管理 |
| ⑧主対的自己を<br>サポートする働き | 率先躬行の責任 | 環境状況との<br>コミュニケーション | リスクマネージメントと<br>エマジェンシープラン |
| ⑨リーダーに求められる人間力・人格力 | 魂の高潔さ、志の高さ、才知の豊かさ、心の深さ<br>倫理・道徳的首尾一貫性、節度、信念、信頼、気概 | | |

［表2］

等」の在り方を互いが模索し続ける＞ことである。こうして「場」に生命的活性をもたらす働き、それによって組織「場」を活性化させる経営のことを本書では「生―経営」と呼ぶ。

以上の見地に〝生命論パラダイム〟の発想を加味して、「生―リーダーシップ」を構成する諸要素を［図1］（61ページ）、［図2］（68ページ）の四象限座標系で示した各項ごとに一覧的に取りまとめれば［表2］のようになる。

本表で言う＜サポートする働き＞とは成員メンバーへのサ

ポートだけでなく、自身の資質向上をサポートすることも含む。

## 「生─経営」と「生─リーダー」

「生─リーダーシップ」の発動およびそれによる「組織文化」の変革・刷新を通して「生─経営」が実現する。

以下、「生─経営」の担い手である「生─リーダー」に特有の資質・役割は何かを見ていくが、そこでは（従来のリーダー論が〈男性性〉に傾斜しているのと対照的に）〈女性性〉に特に焦点が当てられる。

『近代家族とジェンダー』（世界思想社刊『社会学ベーシックス　5』）によれば、女児は母親との関係を通じて、女性特有とされる「感受性や他者への共感能力」を身につけるのに対し、男児は「分離や自律性」を軸にした自己形成を行うことを求められるため、女児のような〈女性性〉を身につけ損ねるとされる（N・J・チョロドウ『母親業の再生産』）。女性はもともと「自分を取り巻く人間関係を重視し、他者への責任とケアを基準にして判断する」傾向があり、自己をケアすることからはじめて、他者への責任を重視する段階、さらには自己と他者を相互に結びつける人間関係の力学への理解を深めつつケアという原理に沿って自主的判断をする段階へ進むとされる（C・ギリガン『もうひとつの声』）。

本書が言う「生─リーダー」とはこの〈女性性〉にその立脚点を置くリーダーのことを言う。問題は「生―リーダー」の働く「場」をどう広範に醸成し、その働きによってそこに「生―経営」をいかに寛活に実現するかである。

当然に、男女性差を強調するこのような論議に対しては、男女差別の普遍化・恒常化に加担するものだとしてジェンダー論サイドから批判があり得る。「生物学的な性差を強調しすぎて、人間としての共通性や個人差を見失ったり、性差別を温存したりしないよう留意」すべきだというわけである（J・マネー／P・タッカー『性の署名』）。また、「ヘゲモニックな男性性（男性支配の正当性を社会的に認めさせるための戦略）が女性性と他のタイプの男性性（「従属的な男性性」）を従属させることで全体としての男性支配を正当化（家父長制の維持と正当化に荷担）している現実を踏まえるなら、両者の連携（女性一般と、従属させられている男性一般との、利害が重なり合う部分を通じての結びつき、共闘）こそがジェンダーの公正へ向けた大きなうねりとなり、ひいては〝機械論パラダイム〟による男性支配を打ち破るための捷径となるだろう」（R・W・コンネル『ジェンダーと権力』『マスキュリニティーズ』）という戦術論も提示される。

しかし、われわれが求めているのは、それらの論述を踏まえながら、もっと根源的な視点から、いわば〝いのち〟の働きに裏打ちされた、性差を超えた〝生命論パラダイム〟に立脚する「生―リーダー」の在り方である。

歴史上のことで言えば、それまでの〝機械論パラダイム〟を〝生命論パラダイム〟へと転換させたのはルネサンス錬金術とされる。錬金術は男性原理と女性原理を対等なものと見なし、それを超える原理として自然原理を立て、それとの共生を人類の目標とする。自然の複雑さにひるまず、支配することよりも自然との共感を重視し、物事を分類することよりもその多様性を認め、単一の法則に還元できないより大きな秩序システムとして自然を捉えるのである。「生―リーダーシップ」は性差を超えて、人間なら誰もが内蔵しているこの「自然原理」に準拠するリーダーシップである。

「生―リーダー」論、「生―経営」論が基礎を置くのは、要素還元主義的な機械論的世界観の対極にある、生態系の生成発展・相互作用に焦点化する〝生命論パラダイム〟である（【補注2】参照）、すなわち、「すべての物事は、多数の要素が複雑に相互作用し合い、自己組織化しつつある全体プロセスの自己表現にほかならない」とする立場である。

「生―リーダー」が働く（機能する）のは経営のあらゆる局面においてであるが、はっきりさせておかねばならぬのは、「生―リーダー」の本領はすでに顕現化された知力（知＋人間力・人格力）を単に現象的にあれこれ操作することにあるだけではなく、人間力・人格力の根底に潜勢的に深く蔵された〈暗黙次元〉エネルギーを現勢的に〈明示次元〉へともたらす働き（機能）にこそあるという一事である。すなわち、〈暗黙次元〉を〈明示次元〉へと裂開させるその境界面を活性化させるのが「生―リーダー」なのである。それには、自らが〈暗黙次元〉へと深く根を下ろしていていなければならない。

もちろんそこには男・女の性差はないが＜〝いのち〟を育む性＞である女性の方がより深く＜暗黙次元＞に根を下ろしているとは一般的には言えるだろう。そういう意味では「生―リーダーシップ」を「フェミニン・リーダーシップ」と置き換えることも可能である。これまでの「リーダーシップ論」を「マスキュリン・リーダーシップ」と捉え直せば問題の焦点はいっそう明確になる。

なお、裂開とは＜暗黙次元＞が自らを自己限定する（「自己において自己を映す」西田幾多郎）瞬間の出来事（閃き）のことである。そこには外部からの他律的な働きかけはない。この＜暗黙次元＞の自己裂開がわれわれの意識に捉えられたときわれわれは身内に滾る人間力・人格力を全身全霊を以て覚知する。そのような人間力・人格力の自己展開に裏打ちされてはじめてリーダーシップは真の「生―リーダーシップ」となる。

「生―リーダー」の働きによって＜暗黙次元＞から叡智的エネルギーがふんだんに備給されればそれによって成員各人の知力はいそう効果的に賦活され、束ねられ、経営空間の知場はより強く振起され、それによって＜明示次元＞ひいては＜形式次元＞はさらにいっそう活気づけられる。組織（あるいは社会）に活力を備給するにはこの身内から滾るような熱情が先ずなくてはならない。しかし他方では、それを秩序づけるには上から（あるいは外から）の触発作用も必要である。その上と下、双方向からの相互触発作用が調停される中間の場所で、下からのエネルギーは束ねられ、方向づけられ、組織活力は中核価値へ向けて自己組織的に秩序づけられる。その中間の場所が「生―経営」の現場である。そこでは「仕事」の仕組みもこれまでと大きく変貌する。マニュアル化されたルーティン的「作業」は後景に引き、つれて、「生―経営」空間はそれぞれのユニットが独自の駆動エンジンをもって作動する「仕事場」となり、そのクラスター的集合体が中核価値へと抱握・統摂されて「経営組織体」となる。

つまり、「生―経営」空間は「イシューレイジング（課題発掘）、ソリューション（課題解決）、インキュベーション（課題創出・自己課題化）」のサイクルが統握された課題体系（経営空間）となる。「生―経営」とはこの「課題発掘・解決・創出」のサイクルを組織の細部においてまで効果的に廻すことである。そこから「知識エンジニアリング人材」、「独創的プロフェッショナル人材」、「開かれたネットワーク人材」が育つ。「生―リーダー」とはそのような主体的・能産的「人材」のことである。彼（彼女）にしてはじめて〈課題発掘・解決・創出のサイクル〉を力強く回転させる「生―経営」の担い手たることができる。そこにおいてはじめて、集権的な管理手法ではなく、第一線の豊かな感性・情報感応力・知的創発効果に最高の価値を置く「生―経営」が実現する。

## 「イシューレイジング、ソリューション、インキュベーション」

イシューレイジングとは、直面する課題は何かを掘り起こすことである。経営空間を課題空間へと編集し直すことである。

ソリューションとは、課題を解決することであるが、それは同時に課題解決のための諸条件を整える（経営資源を動員する）ことである。

インキュベーションとは、新たな課題を自ら創り出すことである。それを通して自らを新しく生まれ変わらせることである。

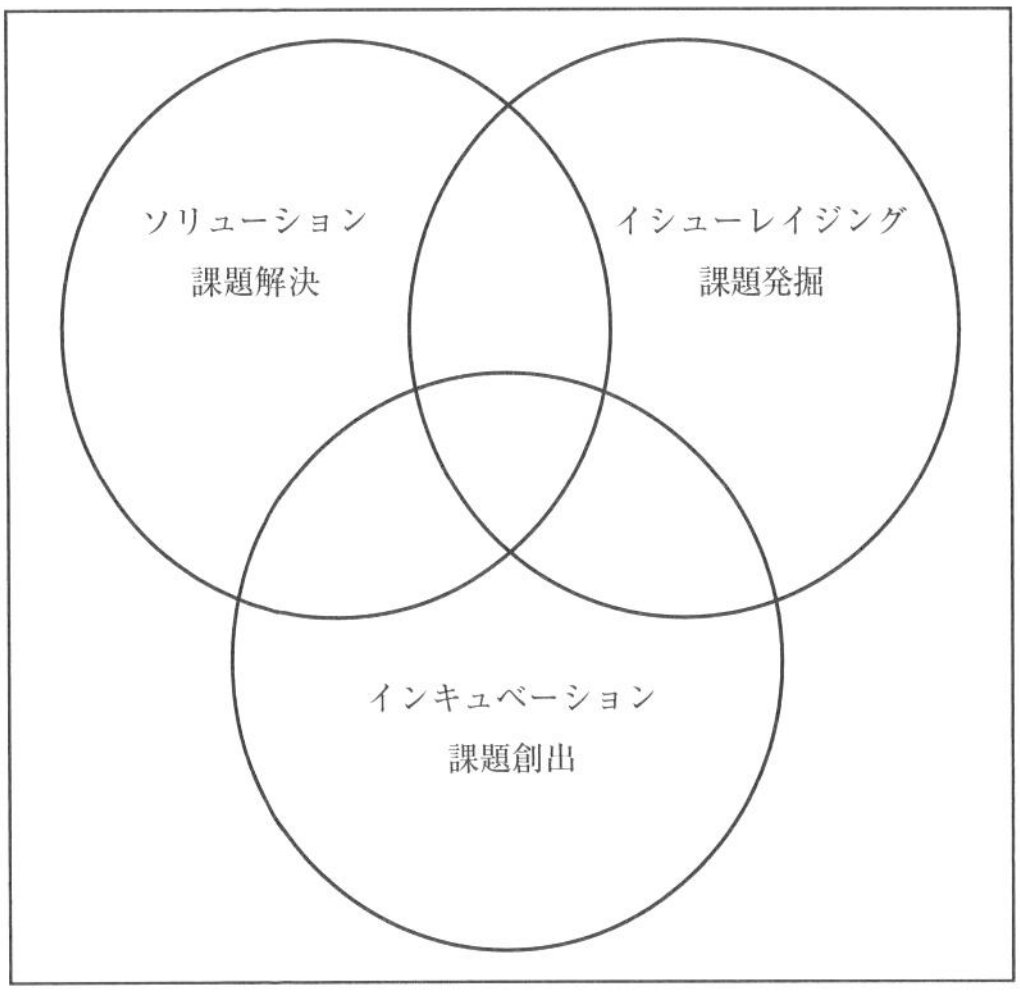


［図9］

図解すれば［図9］のようになる。イシューレイジングはアフォーダンス（状況検索）局面に、ソリューションはアブダクション（状況開鑿）局面に、インキュベーションはアテンダンス（自己定立）局面にそれぞれ対応する。

「生―経営」のダイナミクスとは、この課題発掘、課題解決、課題創出の三機序サイクルを組織の各部署において力強く廻すことである。各自が、何が自分に課された課題であるかを見つけ出し、それに優先順位をつけて解決の手順・方途を講じ、その解決に向けて努力する、そのプロセスのなかでまた新たな課題を見つけ出す（作り出す）、このダイナミクスが駆動しているかぎり組織はつねに新しく生まれかわる。組織それ自体が不断のインキュベーション（創発的発展）過程となる。この「生―経営」のダイナミクスが力強く廻っているかぎり組織が病むことはない。そのなかから「生―リーダー」もまた育つ。言いかえれば、組織各部署にあってこのダイナミクスを不断に活性化するのが「生―リーダー」の働きである。

「生―リーダー」が具えるべき資質・能力・特性を摘記すれば次のようになる。（ドラッカー、ミンツバーグ等を参照）

1、人格的資質
①精神の高潔さ、倫理道徳的センスの豊かさ
②発見的・冒険的精神の旺盛さ
③政治的才覚、行政手腕、人間関係組成才腕
④譲歩もする柔軟性

2、人間的能力
①人間理解力
②状況認知力
③説得力、コミュニケーション力
④共感力、調停力、バランス感覚

3、組織管理能力

①シンボルを掲げ、そのもとでミッションを組成する力。ビジョン・向かうべき方向を示し、そのプロセスを構想し、状況適合的な課題を優先順位をつけて選択し、全員をそこへ巻き込んでいく力

②率先してリスクをとり、進んで責任をとる力

③意味・価値を伝え、意思疎通の回路を切り開く力

④相互理解の組織風土を育て、効果的に集団行動を組織する力

4、人事管理能力

①メンバーの最良の資質を引き出す力

②メンバーに挑戦機会を与え、挑戦に直面させる力

③メンバーの価値観を修正させる力

④メンバーに新たな行動様式を生み出させる力

この「生―リーダー」に特有の力能が∧イシューレイジング――ソリューション――インキュベーション∨の各局面において具現化されると次ページの［表3］のようになる。それぞれは、∧アブダクション――アテンダンス――アフォーダンス∨の3機序と入れ子構造となっている。

一例として、その「入れ子構造」をソリューションの側から見れば次ページ［図10］のよ

| | アブダクション | アテンダンス | アフォーダンス |
|---|---|---|---|
| イシューレイジング | 問題意識喚起力<br>問題整序（優先順位づけ）力 | ヴァイタリティ<br>市場環境認識力 | 異常値発見力<br>情報収集・編集力 |
| ソリューション | 創造力<br>説得力 | バランス感覚<br>平常心 | 状況把握力<br>協働組成力 |
| インキュベーション | リスクコントロール力<br>振り返り力、又は軌道修正力 | 洞察力<br>ヴィジョン提示力<br>勇気 | 構想力<br>知価資源調達・動員力 |

［表3］

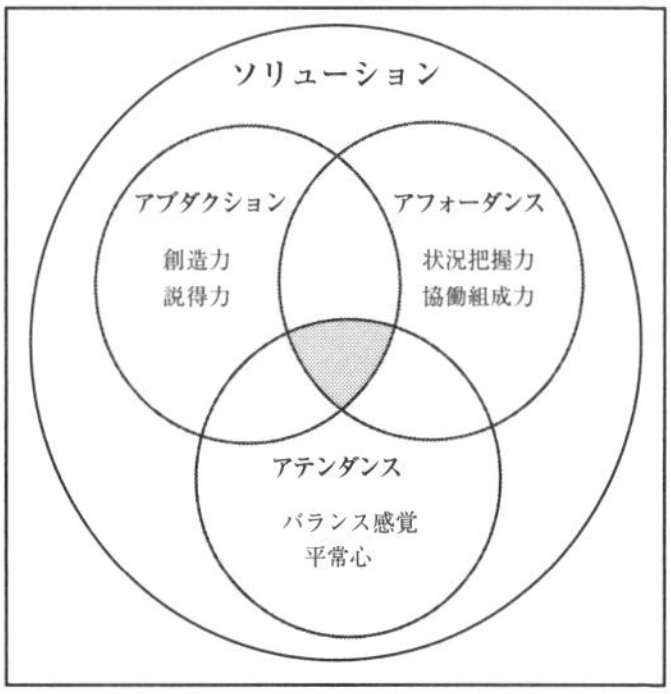


［図10］

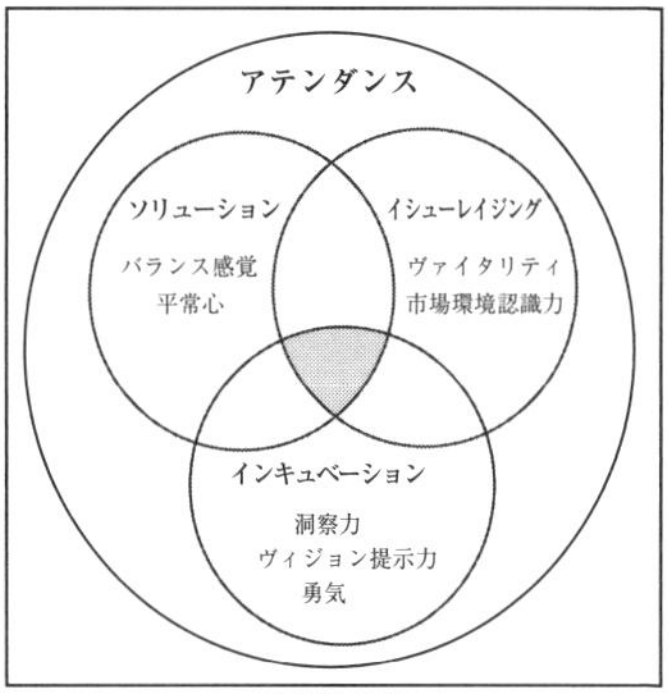


［図11］

うになる。あるいはアテンダンスの側から見れば［図11］のようになる。小円内の各項は互いに相手を含み合って相互生成的に互いを賦活し合う。

### （1）イシューレイジング（課題発掘）の局面

市場から得られる情報から異常値を見つけ出し、そのうち対処を必要とするものを適切に収集・編集し（アフォーダンス）、メンバーの問題意識を喚起し、具体的な対処方針を優先順位をつけて整序する（アブダクション）。メンバー各人はそれぞれ固有のヴァイタリティと市場環境認識力を以って自らが市場に対して取るべきスタンス（立ち位置）を定め、市場との間に不調和があればそれを自己調停する（アテンダンス）。

そもそも課題は待っていれば向こうからやってくるものではない。いま何が課題であるかの問題意識とそれを探索する意欲のないところでは課題は気づかれることなくただ通り過ぎる。また、自ら解決能力のない問題ははじめから意識に上らない。したがって課題発見のためには外部をサーチするよりもまず内部をサーチする必要がある。いま自分（組織）にとって何が問題なのか、自分（組織）はどのような課題にならば対処できるのか、そしてそれを自分（組織）はどう解決したいのか、それが明らかであってはじめて課題は見出される。

したがって課題発見のためには、まず自らを問題状況に埋め込まねばならない。問題状況を外から観察するだけでは課題は見つけられない。自らを状況と化すことによって、つまり自らが状況のなかの創発的揺らぎとなることによってはじめてそれは可能になる。創発的揺らぎとなるとは、場を生起させている諸条件を自らの構想力によって不断にデザインし直すことである。そうすることによって、その場を課題空間へと編成し直すのである。

そのプロセスについて少し敷衍する。人はまず〈行為・体験〉を通して現実世界に関わる。〈行為・体験〉はそれだけに留まるならまだ個人的な〈行為・体験〉であって他者との間で共有化されない。他者と共有化されるには〈行為・体験〉は〈出来事・経験〉化される必要がある。つまり、私的な〈行為・体験〉の知を他者と共有可能な〈出来事・経験〉の知へと連接するなかからレイジングしてくるさまざまなイシュー群を、他者との協働によって解決すべく、優先順位をつけて整序する知のデザイン行動が課題発掘なのである。言いかえれば、この課題発掘行動を通してはじめて、私的な〈行為・体験〉は全員で共有可能な〈出来事・経験〉へともたらされるのである。〈行為・体験〉群のなかから他と共有可能なもの（あるいは共有するだけの意味のあるもの）を意識的に選び取る過程が課題発掘にほかならない。

なお、〈行為・体験〉を〈出来事・経験〉へともたらす過程では、よく整序されたデザイン化の反面で悪しき単純化を犯す危険があることにはつねに留意しておく必要がある。それを避けるには〈行為・体験〉の原初的無垢性へとつねに立ち帰らねばならない。その不断の立ち帰りのなかで新たな組織的課題が発掘されることもあり得る。そういう意味で課題発掘とは〈行為・体験〉と〈出来事・経験〉の間の不断の往復運動だと言ってよい。

このことは〈行為・体験〉の内容それ自体についても言える。意識化されてはじめて人間行動は単なる作業であることをやめて〈行為・体験〉となるのであるが、意識化するとはある意味では人間行動を目的／手段連関、あるいは因果関係図式によって整序し直すことでもあるから、その図式に収まりきれない行動ははじめから〈行為・体験〉として掬い取られないまま抜け落ちる（無意識の闇に消えていく）こととなる。言いかえれば、有用性・有効性の観点からすべての行動が価値づけされる結果、〈行為・体験〉として有意味と認められない行動ははじめから無価値なものとして整除されてしまう惧れがあるのである（無意識の行動は〈行為・体験〉とはならない）。本来は有意味な瑞々しい活動であり得たはずのものが、ある意味では貧弱でしかない目的／手段連関、因果関係図式によって整序されることとなるのである。そのような観点からすれば、現実の複雑性がもつ豊穣さが失われ、その後のプロセス全体が意味の貧しいものとなるのは組織活動にとって一種の宿命のようなものである。それを避けるには、何をもって〈行為・体験〉とするかの判断において、瑞々しい原初的活動をつねに反省的に幅広く生かしていけるような柔軟な態度、鋭敏な意識、豊かな感性が求められる。「生―経営」「生―リーダー」の役割はそこにある。この〈行為・体験〉の原初的無垢性への立ち帰り、原初的活動の不断の回復にはそれなりの組織的補完も必要である。たとえば、外部ないしは異分野あるいは他部門からのさまざまな意見・異論・批判の積極的聴取である（各種の「委員会」設置など）。

これらの一連の課題発掘プロセスのなかでビジネス・エシックスも組織に根づいていく。

**（2）ソリューション（課題解決）の局面**

発掘された課題の内容、および組織の置かれた状況を正しく把握した上で、組織メンバーの心を掌握して協働体制を組成し（アフォーダンス）、創造力と説得力をもって課題解決を行うのであるが（アブダクション）、その際、留意しなければならないのは組織全体のバランスを崩さないように配意しながら平常心をもって課題解決に当たることである（アテンダンス）。

課題解決とはただ到来する課題を順番に一つずつ片づけることではない。それは単なるルーティン作業であってここで言う課題解決ではない。課題解決とは見出された課題への対処を通して課題解決場としての組織をより強靭なものへと不断に練成していく営為なのである。たとえば人間が困難や苦境を乗り越えることで自らの振舞体系（身体行為連関、身体図式）を組み替え、それによって人間的成長（全人格的変貌）を遂げていくのと同じである。つまり、課題解決とは単なるプロセスの改善でもなければ部分システムの改良でもない、組織をあげての状況適応であり、それを通しての組織振舞の全面的な変革である。この課題解決の経験を蓄積していくなかでいま何が課題であるかがフィードバック的に改めて見出されていく。そういう意味で課題解決と課題発掘とは相補的な相互作用関係にある。課題解決によって組織体力が向上（組織振舞が高次化）すればより高次の課題が見出されることになるし、課題発掘が高度化すれば課題解決の力能レベルも向上する。両者は相乗的にスパイラルに発展する。

少し敷衍する。他者と共有された〈出来事・経験〉はそれだけではまだ他者同士の一対一の偶然的な出会いの域を出ない。複数の他者が相手であっても、これを不特定多数の他者をも包摂する普遍的な〈出来事・経験〉とするには、〈出来事・経験〉は〈知識・情報〉化されなければならない。課題解決とは、個々ばらばらな状態にある〈出来事・経験〉の集合体を組織成員全員で共有・共活用可能な〈知識・情報〉の抱握体へと組織化（体系化）するプロセスだと言いかえてもよい。つまり、知の特権的な専有を許さず知的協働を何よりも重んずる組織文化への変革こそが課題解決の主眼目なのである。そのような組織文化の変革・刷新があってはじめて〈出来事・経験〉の知は組織成員誰でもが幾度でも再利用可能な＜知識・情報＞へと知財化される。

要するに、課題解決とは蓄積された＜出来事・経験＞の知を知財化された＜知識・情報＞の知として組織成員全員が再利用・共活用することを通して組織をよりいっそう環境適合的にしていく「生―経営」の基幹プロセスなのである。そして、その組織文化の変革主体となり得るのが「生―リーダー」である。

なお、ここにも＜行為・体験＞について述べたのと同じ問題がある。＜出来事・経験＞が＜知識・情報＞へと整序される際に複雑性の縮約というプロセスを経過するのであるが、その結果、＜出来事・経験＞が本来もっている内容の豊かさが貧弱化する惧れがあるということである。それを防ぐためにはこのプロセスも不断に見直される必要がある。その不断の見直しもまた課題解決なのだと言ってもよい。組織横断的なプロジェクトチームの適時組成などもそのための工夫であるが、これからはＡＩ、ビッグデータ、ＩｏＴなどのコンピュータ・テクノロジーがそれをサポートすることとなる。そうやって活用可能なあらゆる英知が動員されることとなれば経営空間は英知が渦巻く公共圏となる。

以上の課題解決プロセスが十全に機能したとき組織にコーポレート・ガバナンスが定着する。

**（3）インキュベーション（課題創出）の局面**

課題に立ち向かう基本姿勢が定まれば、優れた構想力によって経営資源をそれへ向けて調達・動員し（アフォーダンス）、リスクを適切にコントロールしながら、つねにフィードバック機能を働かせつつ必要なら果敢に軌道修正を行っていく（アブダクション）ことが可能になる。こうした課題への組織的対処には、洞察力をもって問題の本質を把握し、組織の向かうべき方向について明確なヴィジョンを勇気をもって提示することが大事である（アテンダンス）。

課題解決はこのように（課題発掘へとフィードバックされるだけでなく）課題創出へとフィードフォアードされる。課題創出とは従来の経過のなかからそれまでとは次元を異にする新しい何かを創出（インキュベート）することである。課題解決が組織体制・組織振舞を組み替えることであるのに対して、課題創出は旧来の組織構造および組織活動のなかから新たな発展のためのシーズを産み出すことである。それは一挙的な大変革だけを意味しない。永年に亙って蓄積された遺伝子情報が何らかの環境変化を契機に作動開始して生命体を進化させていくように、すぐには効果の見えない小さな変化の積み重ね乃至は組織活動の組み替えから課題創出が起こることの方が一般的である。場合によってはそれによって組織と環境との諸関係、および環境それ自体が大きく作り替えられていくこともあり得る。

この課題創出過程によって複雑性を特徴とする〈知識・情報〉は〈知識・情報を活用する知識・情報〉、すなわち〈メタ知識・情報〉へと縮約される。〈メタ知識・情報〉は制度化、システム化によって誰でもが利用可能なように道具化される。つれて経営空間は制度やシステムの網の目で多様・多重に覆われていく。それによってコーポレート・マネジメントはいっそう精緻化されていく。

しかし同時にそれによって状況はますます複雑化する面もある。また、複雑性縮減プロセスのもつ硬直化・画一化の弊がここでも生じ得る。日常的に発生する複雑事象を整序していくなかで制度・システムにはやがて綻びも出るし、古くなって実体に合わなくなることもある。一般的に制度装置はやがて形骸化・硬直化していく傾動をもつのは避けられない。「制度」は当面は主題化される必要がないと判断される素材をいったん括弧入れすることによって、つまり複雑事象を単純化することによって、一定の枠組みのなかで物事を捉え直す仕組みであるから、制度装置は本来的に「閉ざされ」る宿命にある。「閉ざされ」た制度装置はやがて組織の活力を逼塞させ、それ自体痩せ衰えていく。それを避けて、組織をより高次のレベルへと不断に進化させていくためには要素間の相関関係はつねに組み替えられ、ときには根底的に再構築され、そこから新しい制度・システムが不断にあるいは断絶的に創案されていかねばならぬ。この〈メタ知識・情報〉の不断の再編成、新たな創案による制度・システムの相転移的進化のプロセスもまた課題創出過程である。このスパイラルに発展する課題創出プロセスが豊かな交響を奏でているのが「生―経営」であり、これら一連の複雑事象を巧みに整序するプレーヤーが「生―リーダー」である。

こうして制度装置化した組織をふたたび活性化し、組織を課題創出だけでなくさらに根底から改革させることを本書ではコーポレート・ベンチャリングと呼ぶ。

このコーポレート・ベンチャリングは次に述べる自己課題化によって新たな内実を与えられる。

## （4）自己課題化の局面

＜メタ知識・情報＞によって縮約された現実を生まれたままの生き生きした無垢性へと返すのが組織の隅々にまで浸透した自己課題化の組織刷新力である。自己課題化とは、複雑性縮減装置としての＜メタ知識・情報＞を＜行為・体験＞のいわば「野生の力」によってふたたび解発・再編すること（脱構築すること）によって、それがもつ本来の原初的活性を回復させる働きである。組織の隅々にまで浸透した創業の気風などがそれである。

課題発掘、課題解決、課題創出と進んできたプロセスは最後にこうして＜自己を課題化する＞フェーズへと到達する。複雑性への回帰と言ってもよい。それは何でもありの野方図な自由を許容しようというのではない。それは、一方では最大限の自由を許容しながら他方では秩序化への強い志向をもった、同時に、一方では勁い秩序を目指しながら他方ではできるだけ多くの自由を保証するような精神作興的営為である。それは状況適合的な＜順応＞と違って、自ら覚悟を定めて（ということは結果についてはは自らが責任を取る覚悟をもって）状況を選択していく（同時に自ら状況を創出していく）高度に意志的な＜自己再生＞のための活動である。そこには互いに矛盾するものの間を否定即肯定的に媒介しつつ自己超越を達成しようとする覚悟的選択意志の働きがある。いわば出直し的＜変容・変身・変態＞である。

つまり、自己課題化とは自らを含む市場・民主主義社会・企業生態系秩序・付加知価連鎖系秩序のなかにあって、自らを新たな機能環へと（「場」とともに）共進化させることで、その過程からいままでとは違う新たな機能・特性・行動様式を組織にもたらす働きである。それは一組織内に変革をもたらすに止まらず、組織の内外に新たなコラボレーションやアライアンスを生み出す。既往の技術体系と新たにインキュベートされた新技術体系とを融合させる。あるいはそれらを互いに構造的・機能的にカップリングさせて新商品・新サービスを次々に産出する。組織内外で新たな課題を産み出す。カオス的非平衡性（単なる混沌・混乱ではない）のなかで自由エネルギー（自発性をもって自由に状態空間を動き回る創発的エネルギー）を解発し、それらを多様なストレンジ・アトラクター（魅力的な新たな中心）へと吸引していき、社会のあちこちで、組織の内外で、随処に自己組織的に新機軸を展開（新たな創業を開始）させる。そのなかで、企業自体をまるごとベンチャー企業のように生まれ変わらせる。こうして社会環境自体もまた新たな次元へと相転移していく。

要するに、自己課題化とは、成員個々人が全く新たな役割存在としての自己を再発見し、あるいは再生成するプロセスを通して企業自体を新たな創発的次元へ進化させることである。これによって組織成員の〈行為・体験〉〈出来事・経験〉〈知識・情報〉〈メタ知識・情報〉の意識レベルもまた相転移的に次元転換を起こす。相転移とは一つひとつの要素が互いに他の要素の運動を強く規定し、相互にせめぎ合っているため、何らかの因子のほんのわずかの揺らぎによって全体がなだれを打って協調的運動を起こし、新たな状態を出現させる現象のことである。沸騰点に達して水が一気に水蒸気となる等がその分かりやすい例である。企業はこうして自らをつねにその臨界沸騰点（緊張状態）に置くこととなる。こうして経営空間はやる気で湧き立つダイナミクスの現場となる。

これに伴って、コーポレート・ガバナンスもビジネス・エシックスも新たな次元へと共進化する。コーポレート・ダイナミクスをいかに賦活するかという本来の機能の回復である。言いかえれば、この創発的プロセスを内包しないコーポレート・ガバナンスやビジネス・エシックスは、いつか権力機構的な統制装置に堕する惧れがあるということである。

こうしてコーポレート・ダイナミクスが隅々にまで行き渡った組織では、従来のピラミッド型（ツリー状）の組織体制は［図12］のようなクラスター型サテライト図式へと変貌する。指揮・命令・管理・統制の一方向的な（系統樹的な）作動体制は相互作用し合うネットワーク共振体へと生まれ変わる。各部署は独立しつつ他と緊密に結ばれ合い、多様なコミュニケーション回路を互いの間に張り巡らす。部署によっては、ネットワークから多少距離をとって独立性を保つものもあれば、もともと独立部門であるものがネットワーク内に取り込まれていくものもあ

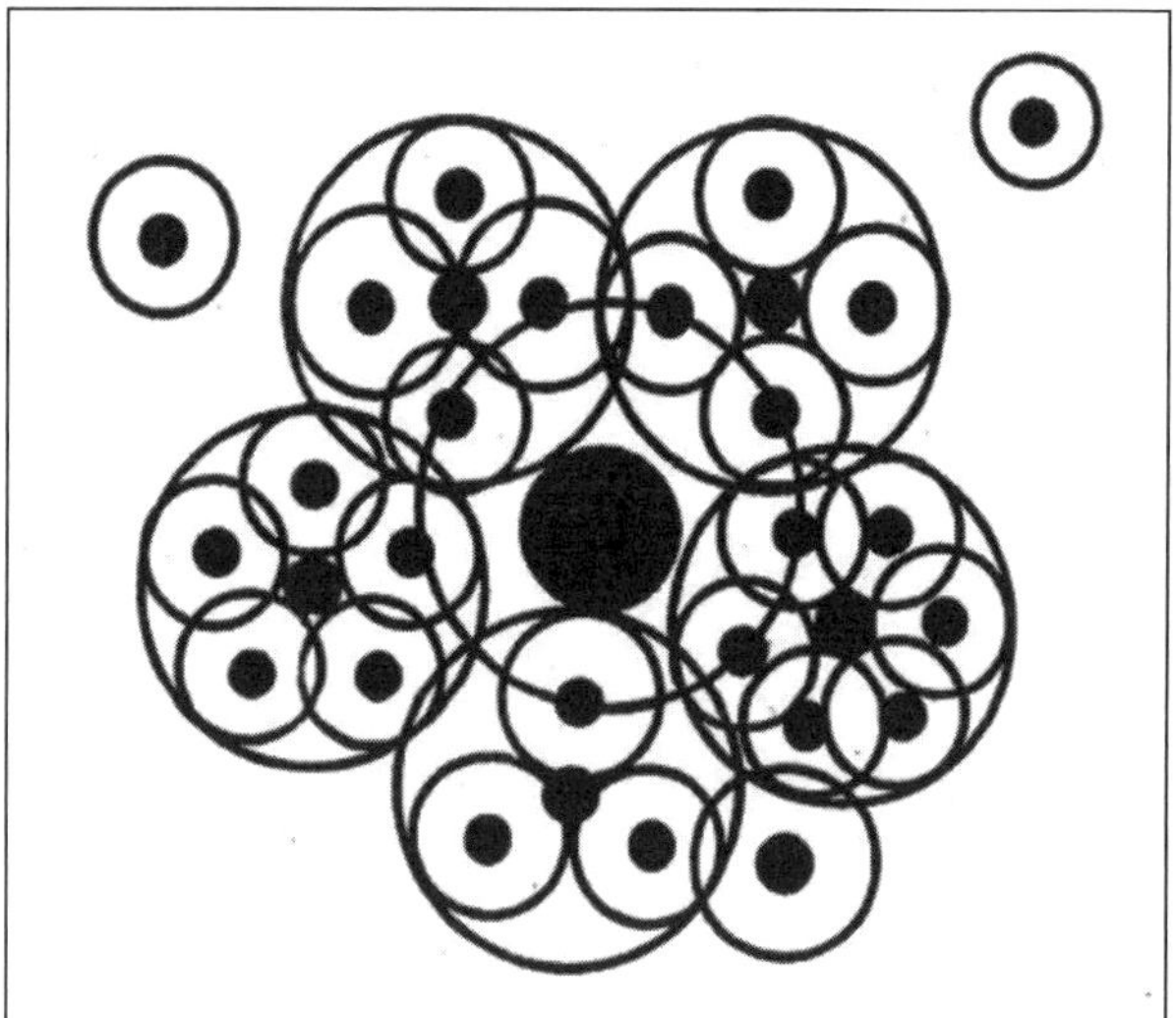

［図12］パトリック・アーバンクロムビーによる〝クラスター型サテライト図式〟
（シビル・モホリーナギ『都市と人間の歴史』254ページより）

る。何よりも、ネットワーク自体がつねに振動し、変容し、生成変化の途上にあるのがその特徴である。本図はまさに「生―経営」（生命的活性）の表徴と言ってよい。

〝クラスター型サテライト図式〟による組織編成とは、企業組織をさまざまな振舞いが構造的にカップリングされたプロセス・ダイナミクスそのものと捉え、それをベースに組織をリデザインしていくことである。チームまたはグループあるいはクラスターによって提供されるサービス・ユニットとしての「振舞い」（上図では●およびその連結環で表示）を基本として（「職務権限」の配分に代えて）「振舞いの集合」をベースに組織を編成することである。「振舞い」は互いにカップリングされ相互に「入れ子構造」を為し、全体は「棲み分け構造」を構成する。組織をこのように各ユニットの「振舞い」が重合的・重層的にカップリングされる中から現象してくるさまざまなパターン・ダイナミクスの複合体として動態的に捉えるとき、次の二点が新たな課題として浮上してくる。

一つは、「振舞い」をデータとその処理手続きが統合されたユニットとしてカプセル化し各ユニットのリンケージによってモジュール化された全体システムをどう構築するかである（オブジェクト指向の設計思想）。

二つは、各サービス・ユニット間、チーム間、グループ間を誰でもが・いつ・どこからでも自由にアクセスできるように相互に開かれたかたちでどうネットワーキングするかである（ネットワーク・コンピューティングの技法）。

こうして各「振舞い」が「入れ子構造」的にカップリングされた組織運営体制が編成されるとき、

業務運営は一方向的な情報発信や垂直的な指示命令・管理統制（権力的支配）型から、双方向的なネットワーク発想をベースにした連絡協調が中心の水平的な参加協働・調整支援型へと切り替えられる。つまり、高度の経営情報・顧客マーケット情報も全員に開示される（共活用される）こととなり、情報の質・量が地位や肩書と分かちがたく結びついた旧来の機械論的な組織体制は、全員が情報を共有して協働する、互いに互いを相互賦活し合う、新しい組織体制へと移行する。

この新しい組織体制の下では、チームやグループは「仕事」という現象が生起する「場所」となる。そこで展開される業務活動はメンバーにとっても、外から見ても、「場の状況」そのものとなる。成員各人はそこでは「場所」の創出者であり、「場の状況」の演出者であって「地位肩書」はほとんど意味をもたない。あたかも劇における俳優、スポーツにおけるプレーヤーのごとく、シナリオやフォーメーションなど情報共有をベースにしたコラボレーションとパフォーマンスだけがそこでは問われる。

つれて、マネジメントもガバナンスもリーダーシップも変革される。メンバーの創造的思考力を涵養し、集団的思考のプロセスを改善するのがその職分となる。メンバー全員が全社的コントロール機能を分担しながら一定のシナリオに従ってコヒーレントな場の状況を創出するプレーヤー兼演出家同士となる。そこでは互いがサポーター、コーチャー、あるいは裏方である。チームやグループの編成は全体状況に合わせてつねに組み替えられる可塑性が特徴となる（あたかも即興劇のごとく）。リーダーもそれに合わせて流動的に異動（自己変容）する機能的存在となる。ポストや肩書でなく状況を生起させる役割となる。組織の時間―空間的活動領域は拡充され、各部署は相互浸透し合って境界は融合化し、全体は動的ネットワークとして機能するようになる。「目標・成果」の捉え方も見直される。リニアーな目標設定／結果検証をこととする機械論的管理手法に代わって、経営全般の最適適合という観点からの非線形的な生命論的調整手法（成果評価手法）が全体を主導するようになる。そこでは、課題発掘・課題解決・課題創出・自己課題化（成果評価）もチーム、グループ、および個人のレベルで、自主的かつ多様に為され、評価のポイントも全体への協力度・貢献度に加えて、冒険的探索行動による新たな事態・領野への挑戦などが重点的に検証されることとなる。

併せ、権限体系も見直される。分割・分与・委譲（したがって、支配・統制・管理・命令）に主眼を置く「職務権限体系」（権力配分体系）から、自由裁量・モザイク状業務編成に主眼を置く「職務アサインメント」（ミッション分担体系）への移行である。成員各人にとって大切なのは、自分を場の状況に合わせてどう変容させるか、そのバランス感覚、方向感覚、時間感覚であり、自分の行動によってどういう場の状況を生起させるか、その振舞いの能動性である。このようなフラットでヘテロジーニアスな組織体制の下では、時と場所に応じて最適のチーム、グループを編成することがマネジメントやガバンスやリーダーシップにとって中心課題となる。各個人、各チーム、各グループ、各クラスターのコンピタンシーを全社的コア・コンピタンスにいかに効果的に結びつけるかである。そこでインセンティブ効果をもつのは、昇格・昇進・処遇（などの成果配分）に加えて、自己のコンピタンシーにプラス効果をもたらすような、より高度の仕事に恵まれる機会、経験の蓄積である。

以上で見てきたような業務運営、組織体制、職務編成、処遇体系などが整備されれば、メンバーは「振舞い」のモザイク的・動的集合体の中で自身の「振舞い」をそれぞれに十全に輝かせることができる。「女性が輝く時代」はその表徴である。そこでは勤務の場所やその形態あるいは時間配分はほとんど意味をもたない。全体の「振舞い体系」のなかで自身のコンピタンシーを（コア・メンバーとして）どう輝かせるかである。

## 「生―リーダー」の働き

「生―リーダー」の働きによって、組織はつねに下からの沸き立つ思いと行動によって充たされることとなる。組織は「生―リーダー」に率いられた「生―経営」の場となる。では、そのような「生―リーダー」はどのような人格的・人間的特性を具えているであろうか。

イシューレイジング、ソリューション、インキュベーションの3局面で求められる人材像を、マネジャビリティ（アフォーダンス）、ガバナビリティ（アブダクション）、リーダーシップ（アテンダンス）の三つの切り口で一覧的に示せば次ページ［表4］のようになる。（本表は先に示した「生―リーダー」の力能一覧表と重ね書きしてある）。

ここに共通してあるのは、参加協働的な生命論的「生―リーダーシップ」である。しかし、このような「生―リーダーシップ」もときに病むことがある。

アフォーダンス、アブダクション、アテンダンスの3機制において［図13］（円内）に記すような

| | ガバナビリティ | リーダーシップ | マネジャビリティ |
|---|---|---|---|
| イシューレイジング | 頼り甲斐がある<br>不屈の精神<br>‖<br>問題意識喚起力<br>問題整序力 | 好奇心がある<br>倫理的首尾一貫性<br>‖<br>ヴァイタリティ<br>市場環境認識力 | 支援し率先垂範する<br>偏見なく寛容<br>‖<br>異常値発見力<br>情報収集・編集力 |
| ソリューション | 公正で安定性がある<br>分析的・客観的<br>‖<br>創造力<br>説得力 | 陽気で愛嬌がある<br>楽観的・献身的<br>‖<br>バランス感覚<br>平常心 | 感情移入する<br>コミュニケーション<br>‖<br>状況把握力<br>協働組成力 |
| インキュベーション | 思慮深い<br>粘り強い実務能力<br>‖<br>リスクコントロール力<br>振り返り力<br>軌道修正力 | カリスマ性がある<br>熱心・情熱的<br>‖<br>洞察力<br>ヴィジョン提示力<br>勇気 | 観察力がある<br>文化価値認識<br>‖<br>構想力<br>知価資源調達・動員力 |

［表4］

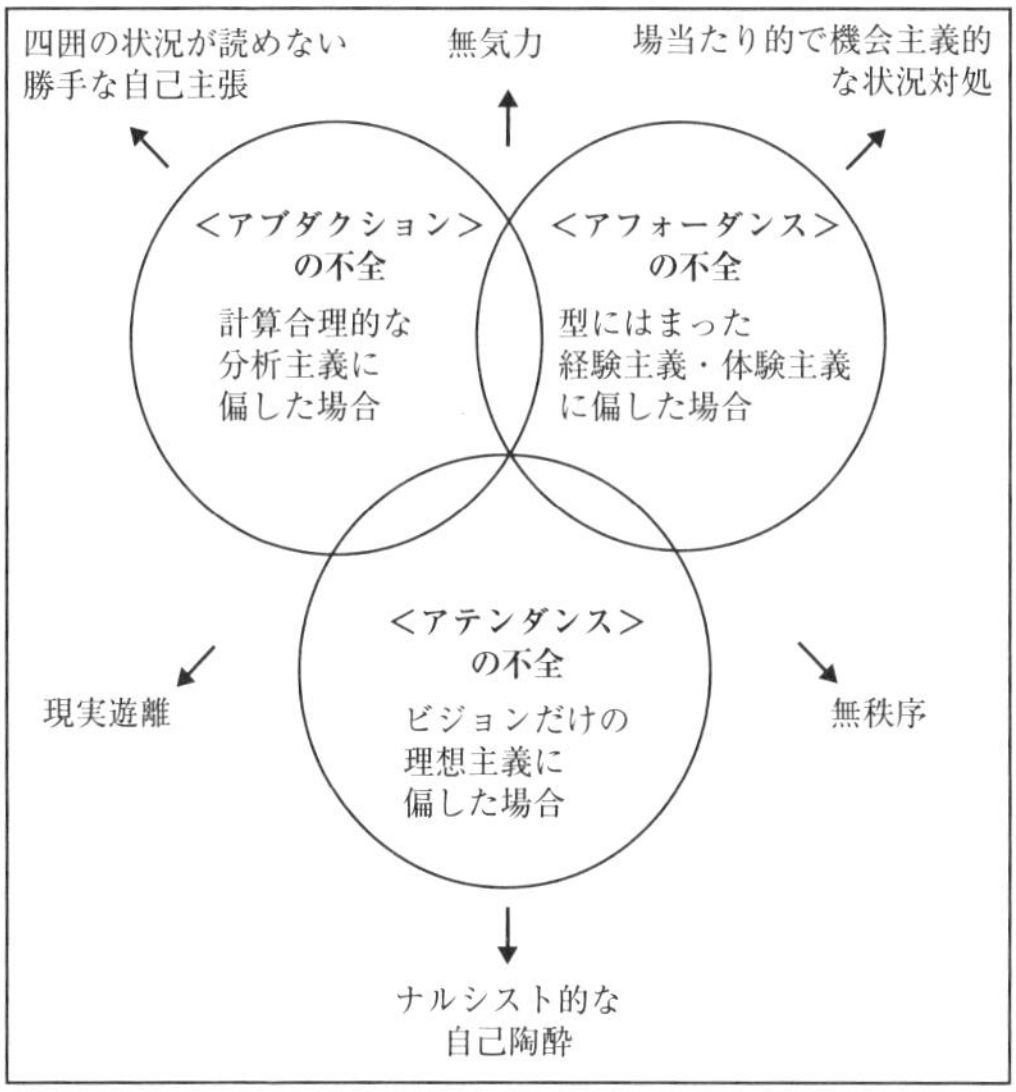


［図13］

偏向が生じたり、この3機制の融合一体化が崩れると、このボロメオの結び目はが解かれ、リーダーシップは矢印（↑）で示したような方向へ逸脱していき、組織および組織成員には図で示すような様々な病理が発症する（ミンツバーグの『マネ

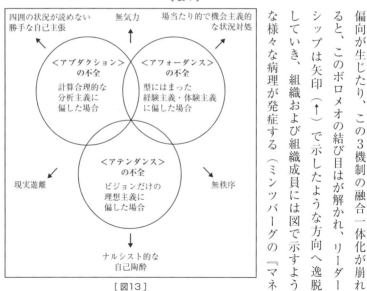

ジャーの実像』参照)。こうなると、「生―経営」「生―リーダー」は姿を消し、イシューレイジング、ソリューション、インキュベーションも不全化する。

これらの病理を回避するにはどうすればよいか、あるいはこのような病理に陥る前にどういう手立てを講じておくべきか、それには「生―リーダー」によるイシューレイジング、ソリューション、インキュベーション各局面の活性化、それによる「生―経営」現場の不断の刷新しかない。

### (1) イシューレイジングの活性化

組織の創発性は個の創発からしか生まれない。創発とは湧き立つ創造の思いの自ずからなる解発である。イシューレイジング(課題発掘)はそこから始まる。組織が次々に課題空間を切り開いていく「生―経営」空間であり得るかどうかはどこまで個の創発に期待できるかに懸かっている。組織が選択せざるを得ない路線と、成員各個人が選択したいと思う生き方とは必ずしも無矛盾な対応関係にない。両者の間には緊張がある。その緊張は相互信頼に裏づけられた「生―リーダー」によって解かれるほかない。対話や説得をもってしてもそれが解かれない場合はその路線(あるいは生き方)は変更ないし揚棄せざるをえない。メンバーに受け容れられない路線を(権力行使的に)押しつけてはイシューレイジング(課題発見)は起こりようがない。

個の創発に期待できるかどうかは、個と組織の双方、就中《なかんずく》、「生―リーダー」の気概(抱握力・統摂力)に関わる。それがあってはじめて企業はチャレンジ精神の横溢する課題空間、「生―経営」空間となる。求められるのは「生―リーダー」の人格力・人間力である。それによって「生―経営」空間は日々に新しくされる。一時として同じ場所・状態に留まらない。しかもそのなかにあって自己同一性を失うことはない。つまり、自己言及的認知フィードバックによる自己励起によって状態空間のなかを遷移しながら環境とともにつねに共進化していくのが「生―経営」である。その共進化のシンボルとなるのが「生―リーダー」の不断の自己刷新・自己変身である。シンボルはいつでも、どこでも、意味の多様態・多面態として、さまざまに姿を変えながら顕われる。多様な解釈を許すからこそシンボルはシンボルたり得る。「生―経営」にあっては「生―リーダー」がそのシンボルの機能を担う。それには「生―リーダー」はつねに自らを新奇性・多面性・自己生成性へと開いていなければならない。そうであってはじめてそれは成員の想像力・創造力を不断に喚起することができる。それは曖昧性・無原則性とは違う。共通の「価値」(〝いのち〟の働きこそが最高の価値であること)を一貫性をもって執拗に、直喩や換喩あるいは隠喩など比喩法を駆使しながら、多面的・多角的に呈示することである。ときには「生―経営」空間それ自体を揺るがすような、∧暗黙次元∨を裂開させるような意外性を示すことも必要である。

そのために「生―リーダー」は何度も自己反照的自己批判に自らを晒す。自身を入魂のイシューとして繰り返し自己課題化する。そうすることで不断に自分自身を作りかえる。物事をつねに新しい視点から予見し、構想し、調節し、連絡づけし、組み合わせる。思いつきや当面の糊塗では魂は篭もらない。シンボル機能とはそのような魂の営みである。

「生―経営」へと開かれた組織にあってはさらに一段高次の課題局面（課題の公共化）も求められる。すなわち、組織のエネルギー流束を広く公共圏へ向けてどう放射させるかであり、外部の公共圏から放射されるエネルギー流束を自らの中（にある公共圏）にどう取り込み、自らにそれをどう写映させるか、それによって自らの活動圏域と活動方式とをどう再編するかである。ＩＲ、ＣＲ、ＣＳＲなどでアカウンタビリティをより高次の次元で果たすことなどもそれに含まれる。

このように内外整合性のとれた場へと「生―経営」空間を導いていくのが「生―リーダー」が行うイシューレイジング活動である。

**（2）ソリューションの活性化**

何事であれ最初はカオス的無秩序であっても秩序はそこからしか生まれない。起動因はつねに自らの内部にある。外から超越的な駆動力が働くのではない。状態空間のなかを遷移しながら経営空間それ自体がソリューション空間へと編成されていくのであり、つれて四囲の状態空間が新たな相貌をもって自ずと立ち現われるのである。経営空間と状態空間の間は互いに閉じつつ開かれ、開かれつつ閉じられた相互生成関係にある。立ち現われという一点において両者は同時生起の同一事態である。

ということは次のことを意味する。組織は、自らが場を流れるエネルギー流束を取り込みつつそれを場へとよりよく還流させる開放系であるべきこと、状態空間のなかで開放系同士として互いに他とよりよく共鳴・共振・共生する存在であるべきこと、つまり、組織にとって独我的立場は許されないということ、自己存立を図りつつ同時に自らが関係性構築のための条件因子とならねばならぬこと、関係的自立性が成立してはじめて自己の自立的関係性も確立できるようなあり方を探らねばならぬこと、などである。ソリューションの活発な組織はみなそのような自己言及的・自己組織化的な動的安定性をもっている。問題は成員各人にそれをどこまで意識させ、日常行動化させ得るかである。つまり、「場」に開かれた自立存在として自らの行動をどう組織のソリューション活動に統摂させ得るかである。それをするのが「生―リーダー」である。それによってはじめて組織は真に「生―経営」空間として立ち現われる。

「生―経営」空間では近くはもちろん遠く離れている要素同士も互いに共鳴・共振し合う。「生―経営」空間内の小さな揺らぎが全体の振舞いを一変させることもある。あるいはそれが互いの振舞いを規制し合うことでそこに新たな自己組織化をもたらすこともある。大事なことは、その中で良い揺らぎと悪い揺らぎをできるだけ早い段階で見分けることである。良い揺らぎは増幅させ、悪い揺らぎは散逸させなければならない。ただし忘れてならないのは、悪い揺らぎと思われるものも場へと散逸するなかで新たな情報を生みだし、それが良い揺らぎを呼び起こす契機ともなるという事実（それが散逸という事象）である。悪い揺らぎだからといってただ消去し、抑圧し、排除し、隠蔽すればよいというものではない（たとえば顧客からの苦情や、社員の組織からの離脱など）。「生―経営」空間を適正なソリューション空間へと遷移させるための貴重な摂動因子あるいは制御因子ともなり得るものとしてそれらは有効に活かされねばならない。「生―リーダー」がそうであるように、「生―経営」も成功体験よりも失敗体験からより多くを学ぶことができる。

付言するなら、良い揺らぎを増幅させるための手法の一つとして企業が採用するのがベストプラクティスのベンチマークであるが、何がベストプラクティスであるかは相対的であり暫定的であり、金科玉条のごとく固定化した基準に拘っていれば（機械論パラダイム）、いつのまにかそれはワーストプラクティスに転落しないとも限らない点に注意を要する。組織不祥事はむしろそこに胚胎することが多い。ベンチマークは自らをベンチマークすること（自己課題化）が基本になければならない。ソリューションはそこもカバーしている。

生命体は自らの構造・機能を変容させることで状況変化に適応していく。たとえば、呼吸と脈拍を早めることで血液中の酸素濃度の低下を食い止め、発熱によって体内に侵入した細菌や異物と闘うようにである。組織もまたこのような斉合的安定性を把持するための自己調律機能を備えていなければならない。自己調律的にバランスを回復するための具体的仕組みとしては、たとえば内部監査制度や苦情処理制度あるいは各種の委員会などが企業では考えられるが、生命体の斉合性維持機構が脳神経系をはじめ免疫系、代謝系などすべての協働にあるように、大事なのは、組織中枢および組織各部署にあって全体バランス調整機能を普段から十全に働かせるようあらゆる機会を利用して組織点検を行っている「生―リーダー」たちのネットワークである。たとえば、組織あげてユーフォリア的熱情に突き動かされていて誰もがそれに違和感をもたなくなっているようなときに敢えてノーと言える「生―リーダー」が組織中枢あるいはその周辺にどれだけ厚く配されているかである。あるいは組織が硬直化しはじめたとき逸早くそれに反応して自らが場全体に相転移的な揺らぎ効果をもたらす条件因子となり得るような「生―リーダー」がどれほどいるかである。どのような声にも耳を傾け、小さな揺らぎを大きな揺らぎに増幅させることができるのが「生―リーダー」である。

## （3）インキュベーションの活性化

組織活性の決め手は課題創出であるが、それはやがて自らの課題創出力そのものが課題であることを自覚させられるところまで進む。すなわち、自らの自己課題化である。それを通して組織は自らを新しい次元へとインキュベートさせていく。その動的プロセスにおいて大事なのは、組織が自らの求心的統合性を見失わないことである。部分的に多少の逸脱や不備があっても、それを内破的作用になるまで増幅進行させることなく、いつでも自己価値の原点（中核価値）に引き戻されるような求心力を組織がもつことである。その求心性を担保するのは組織の規範的統摂力である。その規範的統摂力をもって組織つねに新たな次元へインキュベートさせていくのである。

「生―経営」として組織が掲げる中核価値にはその社会的公器性、すなわち社会的義務・責任の観念が含まれる。それは単にフィランソロフィーやチャリティの催しなどに止まらない。公・私それぞれが互いを内包し合う関係（公でありつつ同時に私であり、私でありつつ同時に公でもある関係）をあらゆる組識活動のなかに作り込むことで、組織それ自体が公的存在（「企業は社会の公器」）であることを内外に闡明することである。そのような公・私に開かれた組織、公・私が理念的に強く絢い合わされた組織ならどのような局面においてもけっしてその求心的統合性、規範的統摂力を失うことはない。すなわち、組織の規範的統摂力は組織成員が自らの自由な創意を組織が掲げる公共の利益、社会的義務・責任に進んで供しようとする合意から生まれるのであるから、その合意を継続的に調達するには、組織はその求心的統合性、つまり理念的中心価値をつねに強化し続けなければならないのである。最終的にそれを担保するのが「生―リーダー」その人であり、「生―経営」それ自体である。

求心的統合性は場のエネルギー・ベクトルが揃ってはじめて有効に働くパワーになる。組織においてベクトルを揃える役割を果たすのが「生―リーダー」である。ベクトルを結束させるのはビジョンの呈示と、それを具現化するための手順（戦略）の明示、およびその着実な実践である。実践過程で起こるさまざまなフリクションをどう調停するか、ときに発生する逸脱や錯誤をどう調律するか、これらもすべてベクトル結束に関わる「生―リーダー」の役割である。インキュベーションにはこのように実践過程における調停・調律という認知フィードバック機序も含まれる。

理念的中心価値は「組織文化」そのものである。「文化」には経路依存性（文化的自己言及性、履歴性）がある。組織も一つの文化的制度であるから同様に経路依存性、つまり則るべき（言いかえれば逃れられない）「組織文化」としての履歴性がある。それは往々にして形骸化した規範（制度装置）となって成員の行動を縛ることもあるが、大事にしなければならないのは、そのような形式的に経路づけられた規範体系でなく、目には見えない地下水脈のような「組織文化」としての生きた軌範体系である。「生―経営」に必要なのは、そのような伏流水の水脈を探り当て、そこから不断に〝いのち〟の水を汲み上げ、干からびた規範体系と化しがちな組織体制（大地）をそれによって潤しつづけることである。惰性化した経路依存性をこうして脈動する経路発展性へと組み替えるのがインキュベーションにほかならない。それはたとえば、脈々と流れる創業の精神につねに立ち返ることであり、「組織文化」のなかに息づいている精神的伝統に不断に覚醒することである。そこから組織自体も自らの公共文化（社会に開かれた組織文化）をつねに新たに再構築していくことができる。その努力はおそらく民主主義社会それ自体の活性化にも一定の寄与をするはずである。いわゆる「ソーシャル・キャピタル」とは、資本主義社会全体が依拠するこの文化総体のことである。

経路依存性とは環境を選ぶことであると同時に環境から選ばれることである。選択と被選択の緊張に充ちた相互作用は組織活動のすべての局面で見られる。就中、インキュベーション局面はその典型である。インキュベーション局面には多かれ少なかれダブルバインドやアンビバレンツないしはコンフリクトがある。それを解くには覚悟的選択意志による状況裁断が要る。しかしそれは単なる決断主義であってはならない。熟慮のうえでの覚悟を定めた選択意志の発動でなければならない。それには広範な状況探索能力が要る。組織のなかには（生命体における遺伝子情報のように）さまざまな選択因子が蓄積されていて、環境が変化するとそれに応じてそのなかの最も状況適合的な因子が作動を始め、その結果として組織を新たな環境適合状態へとシフトさせるというメカニズムが働いている。インキュベーションとはそのメカニズムの発動である。したがって問題は、組織としてどれだけ多様な選択因子を鮮度のよい状態で保持しているか、そしてその適時の発動を可能にするメカニズムをどう保証し得ているかである。情報として蓄積されているだけでは死蔵されているに等しい。いまは不要ないしは不適切としてお蔵入りになっているような優れた企画や提案、あるいはもはや参考にならないとして忘却に任されているような過去の成功体験や失敗の記録、それらをつねに新しい目で見直し、ときにはそれらをもって改めて現在を検証し直してみることである。それにはスキルズ・インベントリーやソリューション・ライブラリーのような経営資源情報のシステム補完が要る。それもまた「生―経営」の領分である。インキュベーションには、このような自己矯正力を具えた組織文化やシステムをみなで育てていくことも含まれる。

## 「生―経営」のダイナミクス

「生―リーダー」の働きによって、企業自体がまるごとベンチャー企業に生まれ変わるようなコーポレート・ベンチャリングという目覚ましい事態が新たに生まれる。そうなれば企業組織が住まう社会環境自体もまた新たな次元へと相転移していく。複雑系ダイバーシティ社会の実現である。そこでは、組織成員個々人だけでなく、企業組織それ自体が新たな役割存在としての自律的自己を再発見し、あるいは再生成するプロセスが社会全体を新たな生成発展のダイナミクスへと突き動かす。それによって社会の通念や意識レベルにも相転移的次元転換がもたらされる。こうして社会全体が創発的再生の現場となる。相転移とは前にも述べたように、一つひとつの要素が互いに他の要素の運動を強く規定し、相互にせめぎ合っているため、何らかの因子のほんのわずかの揺らぎによって全体がなだれを打って協調的運動を起こし、新たな状態を出現させる臨界現象のことである。そこでは部分の創発的揺らぎが全体の新たな自己組織化を呼び起こす。そうしたダイバーシティ社会にあってはじめて、経営空間はやる気で湧き立つダイナミクスの現場となる。これがすなわち生命論的組織原理がもっぱら作動するコーポレート・ベンチャリングという事態である。湧き立つ「場」のなかにあって「社会」もまた湧き立つことができる。両者は相互生成・相互賦活化の同一プロセスである。こうして前に示したクラスター型サテライト図式が社会全体を覆うこととなる。そうなれば経営空間だけでなく社会全体もまた次に見るような脈動し変容してやまない動的ネットワークとなる。

### (1) 生命論的社会原理

われわれが住まうのは「個の自由」と「全体の秩序」とがせめぎ合う矛盾葛藤の「場」である。矛盾するものの間がうまく調停されたとき「場」は統合されて一つの融即場となる。そこは矛盾対立するものが相互否定即肯定的に媒介された一つの自律空間である。この否定即肯定的融即の境位が社会が目指すべき究極極致である。

こうして互いに矛盾対立するもの同士が相互媒介されることで「場」に新しい次元が開かれると融即場としての自律空間はそれを構成する要素の単なる集合とは異なった新しい性質を獲得する。すなわち、非平衡複雑系(複雑適応系)としての特性の獲得である。つまり、個の創発的自由の振舞から全体の秩序が自己組織的に自生してくるような原理の形成である(揺らぎを通しての自己組織化)。

そこから成員の間に「自ら揺らぐこと」について共通の意味・価値認識が紡ぎ出されてくる。つまり、全体を秩序づける根源は個の創発（エマージェンス）にあるという共通理解である。そうなってはじめて社会が抱える矛盾葛藤を調停する努力も方向感の揃った調律された動学的プロセスとなる（コヒーレンス）。非平衡複雑系（複雑適応系）の特性としての動学的プロセスとは端的に言って生命システムがもつ次のような特性のことである。

①要素間の相互作用によって要素の役割が動的に決まりかつ変化する。

②要素間あるいは要素と環境との関係変化を通して可塑性・安定性を獲得しつつ共生的に進化する。

③全体と部分とが有機的にカップリング（合生的共生）されていて、その全体システムのハイパーサイクル（認知フィードバック効果、自己増殖的相互触媒作用、自己励起的発展性）によって互いが互いを強化し合う。

④その振舞いに強い影響を与えるような、つまり状態の選択をコントロールするような役割を担う特性をその内部から自生させる。

つまり、生命システムとは、細部まで厳密には規定されておらず、複雑なダイナミクスをもって全体が調律され、そのなかで部分が互いに同期的に自己調停しつつ自己生成し、全体をして自己保持・自己増殖させていく能力を有するシステムのことである。

この生命システムの作動は組織一般に置き換えてみることもできる。それは次のような振舞特性をもった生命論的組織として要約できる。端的に「生―経営」とはこのような組織体のことである。

①組織を構成する成員同士の間、および成員と組織との間、さらには広く組織と社会一般との間をできるかぎりつねに生成変化する開かれた動的過程として保存するような組織

②どこにも超越的規範は存在せず局所的振舞が自律的・分散的・並行的・非線形的に相互作用し合うことで全体が不確定的・確率論的・相転移的に自己秩序化していくような組織

③自己生成した結果を利用して再び自己を生成していく自己触媒的・自己言及的・認知フィードバック的な自励発展性を備えた組織

④己の統一性を＜個の創発＞特性と＜全体の秩序＞化機構がせめぎ合う中間の非平衡状態において保ちながら逸脱や暴走もある程度までは秩序化のためのエネルギーとして許容するような中枢機能を具えた組織である。

これは企業組織だけでなく、生きた組織（「公共圏」も然り）ならすべてに共通して見られる組織原理（「公共規範」も然り）である。その具体的な発現局面を、「組織進化」、「組織改革」、「開かれた組織」という三つの側面から以下で見ておく。

「非平衡複雑系」では「揺らぎを通しての自己組織化」という目覚ましい振る舞い特性が発現する。

組織を活性化させるのは〝揺らぎ〟である。系内部で発生する〝揺らぎ〟（系外部から加

えられた〝摂動〟も系に取り込まれて〝揺らぎ〟となる）によって系には人間力エネルギーの密度勾配が生まれる。その密度勾配は、それによって引き起こされるエネルギー流によってやがて平準化され、系はふたたび定常状態を回復する。そのような敏感性は系が平衡から遠く隔たった非平衡定常状態に置かれているときに最も発現しやすい。そのような状態にある系のことを非平衡複雑系と呼ぶ。

そういう観点からすれば組織管理のポイントは、人間力エネルギーをつねにそのような非平衡定常状態に保つことに置かれる。そのためにはエネルギーの流路はネットワーク状に自在に開かれていなければならない。上から下へ、あるいは中央から周縁への一方向的なエネルギー流は組織に硬直的なパターン化をもたらす。流路が自在に開かれるためには、組織の各部署はいかなる〝揺らぎ〟に対してもつねに最適適応ができる状態に自己把持されていなければならない。次々に発生する〝揺らぎ〟を速やかに拡散したり、散逸したり、吸収したりしながら、次に発生するであろう有意味な〝揺らぎ〟に備えなければならない。こうすれば、組織内の人間力エネルギー準位はつねにゼロ状態に平準化されることができる。このエネルギー準位のゼロ状態（非平衡定常状態）に把持された経営のことを「零度のマネジメント」と呼ぶ。

組織活力は平衡から遠く隔たったこの非平衡定常状態（「零度のマネジメント」）から生まれる。そこに現出するのは変化に対して敏感な、不安定ながら定常的に安定した構造・機能体としての組織である。そのような組織であれば、どのような環境変化にも自らの構造・機能を柔軟に組み替えながら弾力的に適応できる。具体的には例えば、現場・周縁に大幅に意思決定を委ねることで、そこが全体的視野の下で自らの構造・機能を自在に組み替えることができるようにすることである。あるいは組織内にいつも知の異種混交が起こるよう全社的な組織改革や外部との提携などを戦略的に、柔軟かつ頻繁に行うことである。そうすることで組織中枢・周縁につねに〝揺らぎ〟を相互伝播させるのである。そのような組織では規範的立場からそれを設計するような超越的存在者はどこにもいない。そこには、人間力エネルギー活動の結果そこに生成されるエントロピーを散逸させることで自らを不断の自己創出する自己組織化過程があるだけである。つまり、自己組織化の源泉、起動力となるのは組織中枢ではなくて現場の〝揺らぎ〟である。

現場の〝揺らぎ〟が系内で拡散して消滅してしまうか、有用な〝揺らぎ〟として発展的に吸収されるか、あるいは増幅されて系に相転移的発展をもたらすか、いずれになるかは系の状態と〝揺らぎ〟の特性による。したがって組織中枢にとって大事なことは〝揺らぎ〟の起こりやすい状態に組織を保つこと、有用な〝揺らぎ〟であるかどうかを見極めそれをどう育て、吸収し、あるいは伝搬させるか、その対応を過たないことである。そして、場合によっては組織をより広範囲の〝場の揺らぎ〟〝環境の揺らぎ〟へと誘動することである。それが「生―経営」者の仕事である。

## （2）組織進化

組織のなかには多様な知識・情報が蓄積されている。そのうちどれが働くかは組織を取り巻く環境条件による。つまり、組織が大きな環境変化に直面したときそれまでに蓄積された知識・情報のうち最適なものが選び出されて働き始め、それによって組織は状況に適応しながら、同時に状況を新たに作り出しながら生き延びていく。これが組織進化のメカニズムである。生物が遺伝情報の容れものであるように、組織も知識・情報の容れものである。しかもその知識・情報の内容あるいは構造は刻々と再編されていく。つまり、膨大な知の相互作用が織り成す組織活動に自らを一体的に統合していきながら同時にそこから新たな組織活動と自己自身とを生成していく営為がわれわれが「働く」ということの内実なのである。そして、その向かうであろう方向つまり環境条件の変化を予見し、あるいは期待し意欲することが状況判断ということであり、その判断の適否がわれわれが社会的に有用な存在たり得るかどうかを決定する。

このように組織活動は、自らに拘束されつつ自らを自己生成していく自己言及的・自己触媒的な自励発展プロセスであるが、組織にあってその組織活動のなかから生成されてくるのが組織規範であり組織理念である。いくら優れているからといって他から組織規範や組織理念を外挿してもうまくいかない。これからの組織に求められるのは、自らの内部にどのような組織規範を生成してきたか、そこでの組織理念がこれまでに進んできた軌跡と今後の進むべき方向をどれだけ一貫性をもって鮮明に指し示しているかである（ヒステリシス）。

通常、組織経営と言えば、組織をさまざまな構成要素に分割して、それぞれのプロセスをいかに効率的に運営するかの改善手法と受け取られがちである（現に、ＡＩによってそれはすでに高度なレベルで達成可能になってきている）が、現実には複雑系である組織活動はそれらの部分要素の単なる集合でもなければ、それらの組み合わせをあれこれと操作することでもない。組織活動はそれ自身、要素に分割不可能な生命体のごとき統一体である。もちろん具体的な組織管理の局面では、個々の要素にいったん分割してみて、それぞれの不具合をチェックするという線形的操作は必要だしまた有効でもあるが、それはあくまでも全体の総合的理解に資するものであってはじめて意味をもつ。たとえば人間の身体は遺伝子系・脳神経系・免疫系・代謝系・消化器系・筋肉骨格系・運動神経系・等々に分けてその働きを見ていくことは可能だし大切なことだが、仮にＡさんの遺伝子系や免疫系などの働きがすべて解明されたとしても、その知見をいくら足し合わせてみてもＡさんという人間を理解したことにはならない（ましてや、Ａさんそれ自身は造れない）。Ａさんという人間はそれらの部分系の集合を超えたトータルな（霊性的な次元まで含めた）働きだからである。組織経営についても同様である。さまざまな機能的局面に分かってそれぞれについて改善するという手法はあってよいが、組織をトータルに捉えて、そのプロセス全体の働きを統一的に理解し、その活動をより生き生きしたものへと賦活していくにはどうすればよいかを問う視点が失われてはならない。つまり、組織を線形的な局面と非線形的な局面が複雑に絡み合ったプロセスとして捉え、この両プロセスをともに抱越しつつ全体をトータルに刷新していく「生―経営」の手法が求められるのである。

## （3）組織改革

組織改革とは、組織内部に局所的に発生するさまざまな揺らぎや摂動を組織全体に効果的に波及させていくことである。その組織改革のダイナミクスが全体に波及していくなかから空間的パターンや時間的リズムをもった秩序が生まれる。そこに形成される組織秩序は自らのダイナミズムによってつねに活性化される動的秩序であって、さまざまな軌跡を描きながら新たな次元に向かって進化していく。ときには揺らぎや摂動が増幅されて局所的な逸脱や暴走をもたらすことがあり得るが、システム全体の破壊に繋がらないようそれを調整したり補正したりしながら組織全体はその頑健性を強めていく。組織改革とはこのように組織が革新性や多様性あるいは安定性・頑健性を獲得していくプロセス・ダイナミクスのことを言う。

インターネットをはじめとするＩＴ革命によって、この社会や組織は多様な揺らぎや摂動が渦巻く場となるが、それはこれまでとは違って需要者サイドからの揺らぎや摂動が主たる要因となってダイナミズムが生み出されるというところに特徴がある（ビッグデータやＩｏＴなど）。多数かつ多様な需要者が主体となるということは、一つ一つは小さな揺らぎでもそれらが集まれば大きなうねりを生み出すケースが増えてくることを意味する。したがって問題は、それを組織の安定性、多様性、革新性、頑健性にどう結びつけるか、そのための内部機制をどう編成するかということである。組織外在的なチェック機構や統制的管理体制の強化では有効な揺らぎや摂動をすら消去してしまう惧れがあるから、できるだけ組織内在的な自律的自己調節機能や、内部環境化された調整システムにそれを委ねていく必要がある。組織内在的にそれを可能にするのは、日常業務執行面における相互の行動規制と、組織全体に張り巡らされた情報共有体系およびそこから生まれる相互反照（監視）システムである。それによって部分同士の間に透明性をもった位相関係が生まれ、それを通して協調的なコラボレーションが生じるように仕向けていくことである。そうすることで個や部分の逸脱や暴走を自律的にチェックするのである。

要は、組織改革の真の狙いは組織それ自体を生命的活動体とするところにある。つまり、組織自体を線形的過程と非線形的過程との統合体へと編成し、組織全体を共鳴・共振するネットワークとすることを通して局所的な揺らぎが全体の秩序形成に貢献するような仕組みをつくりあげることである。すなわち、局所的な揺らぎによって生み出される（かもしれない）システムの壊乱ないしは歪みを補償するために組織がそれを打ち消すような情報流を自己生成し、その生成された情報流からその場に新たな秩序が作り出されるような仕組みを産み出すことである。

システムの壊乱ないしは歪みとは揺らぎや摂動によって組織内に情報勾配が生じることでシステムが非平衡化することを言う。それを補償するとは、揺らぎや摂動を単なるエントロピーとして系外に排除するのではなく、むしろそれをネゲントロピーの生成因として系内で活かすことである。前記したがプリゴジン博士はこれを次のように説明する。「非平衡定常状態を維持するためには、内部で生成されるエントロピーと等量の負のエントロピー（ネゲントロピー）を系に不断に供給しなければならない。平衡から非平衡へ漸次移行するとき、エントロピーは連続的に減少する（ネゲントロピーは増大する）、この拡散の中の物質の流れの逆転によって、形態形成場の中を形態形成因子が伝播し、位置情報が形成され、情報の位相勾配が確立し、空間パターンが生まれる」。これは「生―経営」の現場では日常的に行われていることである。

## （4）開かれた組織

いまあちこちで組織腐敗現象が見られるが、組織腐敗から免れるためには、組織はつねに四囲の環境条件に対して開かれていなければならない。閉じた組織ではいくらコンプライアンスを声高に叫んでも空念仏に終わるだけである。開かれた組織のみがその病理から免れることができる。

組織は次の四つの側面で内外に対して開かれていなければならない。

第一に、社会（市場）への開かれである。自らが社会（市場）の公正な形成主体であるだけでなく自らの内部に進んで社会（市場）の風を吹き抜けさせることである。社会（市場）すなわち国民（顧客）の目で自らの振舞を不断に見直すことである。

第二に、民主主義的な公共空間へと自らを解き放つことで自らの組織風土をつねに民主主義的に再構築することである。民主主義的な組織運営によって成員各人の創発的意欲を最大限に喚起しその自由な活動を保証することである。

第三に、技術環境（イノベーション動向）のなかに正しく棲み込むことである。技術生態系秩序のなかで自分の位置取りを確かなものにする努力を不断に怠らず、組織を越えて広がる技術ネットワークのなかで他から不可欠の存在として認知されることである。

第四に、付加知価連鎖系を生成する一員としてなくてはならない機能環の役割を十全に果たすことである。最終的な消費者に届くまで最高の品質価値（文化知価）を作り込むべくすべてのステークホルダーとの間で効果的な協働を組成することである。

以上の四つは、「閉じた組織」の枠組みに囚われていては実現できない。これらが可能なのは「英知公共圏」として「開かれた組織」（「零度のマネジメント」において）のみである。これを基礎にしてはじめて社会もまたダイバーシティ社会へと公共的に開かれていく。

しかしながら、それが実現するには何よりもこれらを根底で支える組織成員一人ひとりが「生―経営」の担い手でなくてはならない。そのような人材をどう練成するか、それがいまや最大の組織課題なのである。組織にあっては、人間は二重の人格の間で引き裂かれた存在である。一つは機能的な役割存在としての「組織人格」であり、いま一つは固有名をもった人格存在としての「個人人格」である（バーナード）。人はこの二つの矛盾葛藤（ダブル・バインド）を何とか自己調停しながら日々を生きている。その調停努力を通して人は自らの内部に確固たる倫理道徳的座標軸を形成しなければならない。座標軸がぐらついている人間が組織不祥事を起こす。「生―リーダー」および「生―リーダー」によって形成される「生―経営」がそれを未然に防ぐ。

つねに進化し、改革して止まない、開かれた組織、生命論的組織原理が貫徹している組織、それこそがまさに「男女協働」のなかで「女性が輝く」ことのできる組織である。それを可能にするのが

「生—経営」であり、それを実現するのが男女を問わず「生—リーダー」たちである。就中、〝いのち〟の働きに親炙し生命論的組織原理に馴染みやすく、しかも、周縁的ないし限界的労働力として疎外されることが多かっただけに機械論的組織原理に対して批判的視点を様々に鍛えられてきた「やまとだましひ」の〝やまとをみな〟たちである。「男女共同参加卯社会」「女性が輝く時代」の射程は本来的にそこまで届いていなければならない。

## 「場」の輝き

〝やまとをみな〟たちの輝きによって経営という「場」、「社会」もまた輝く。本項では「輝く女性」が具えるべき人格的資質についてできるだけ幅広く考えるが、「女性が輝く時代」が未だ理念的目標に止まっている現状では、本項の記述も抽象的な思考訓練の域を超え出てはいない。今後現場からの具体的事例を蒐集することによってさらに肉づけしていくしかないことを最初にお断りしておく。

生命論的組織原理によって貫徹された組織場では、マネジメントの役割は前に述べたように生命論的自己秩序化プロセスが作動しやすいように「場」の状況を〝しつらえる〟だけとなる。いっさいの作意的な〝はからい〟を要しないという意味で本書はそれを「零度のマネジメント」と名づける。「零度」とは、固定的な中心をもたず、どこにでも遍在しどこにでも現れる中心のことである。それは「一切の自己限定からの逃れ、宙吊り状態の堅持」（ロラン・バルト）、「原動的な可能性に充ちた、根元的な創生であることが望まれる新たな出発点」（ハンナ・アーレント）である。

「零度のマネジメント」の「マネジメント」とは、そうやって「場」全体に遍満する座標系（関係性の中の脈絡、隠れつつ顕われる境界）がつねに活き活きと作動するよう「場」の状況を把持することである。それによって「場」に構造的安定化をもたらすのである。構造的安定化とは、〈出来事・経験〉の抱握的合成である「場」を〈構造―機能〉的に秩序化することである。一方そこには、それによって組織が徐々に現実世界から遊離して次第に仮構性を強めていき、遂には硬直化ひいてはフェティッシュ化へと頽落し、そして最終的には人間すら記号化してすべてを無機的な論理計算回路へと回収することになりかねない（「〝算術〟資本主義」）という惧れもある。それを避けるには、組織はつねにその生成の原点（零度）に還されねばならない。その不断の原点回帰運動（状況適応的自己変容への不断の回帰、事業活動の不断のリデザイン、ＢＰＲ、ＢＤＲ）が組織変革ということの内実である。

企業は、ヒト・モノ・カネ・情報などの内部資源と顧客基盤・社会的諸インフラなどの外部資源、および、社風・社員モラールなどの内部環境と地域・地球環境などの外部環境、それら経営要素間の相互作用が織り成す、不断に自己変容してやまないダイナミックなプロセスである。「変容する自己に言及しながら自己組織化するダイナミックなシステム」が生命だとするなら、組織がますます生命体に近づいていくいま、企業のもつこの生命体としての自己創出力、自己秩序化機序、プロセス・ダイナミクスをいかに十全に発現させるかはこれからの企業が取り組まねばならぬ最重要イシューである。

精妙な生命も時に行き詰まり病むことがあっても、自らの働きによって「相互に関連し合うさまざまなプロセスと構造が一つの調和を持った形で実現していく」ホメオスタシス機能を具えているように、企業も同じ生命体として、恒常性を保ちつつ自己生成・自己展開していく仕組みを自らの内にビルトインさせていなければならない。先に図示した〈クラスター型サテライト図式〉が組織体制として活きて働くなら、それによって自己変容しつつ自己触媒的に自励発展していくプロセス・ダイナミクスの複合体へと組織は不断に再編成されるであろう。そうなれば、組織内外から加えられる〝揺らぎ〟を自らのダイナミクスによって組織活性化因子として活かすこともできれば、その組織作動を通してコミュニケーション・ネットワーク、コミットメント・ネットワーク、コラボレーション・ネットワークをさらに稠密化し、活性化することもできるだろう。こうして、組織自体がヒューマン・ダイナミクスの坩堝となるなら、組織内各部署に生起するストレンジ・アトラクターは非線形相互作用（フィードバック効果）によって相互に結び合わされ、相互活性化されつつ、それらは全社的アトラクターへとさらに大きく引き込まれていくこととなるだろう。かくして、そのヒューマン・ダイナミクスの統合体から、成員各人の共同主観によって構成される「意味複合体」として、つまり、ヒューマン・ダイナミクスに統合性を与え共同主観に持続的な志向性と意味を与えるものとして、「経営理念」・「中核価値」が全社的アトラクターとして析出されてくる。かくして、組織は「英知公共圏」へと超脱し、社会は「公共的英知圏」へと進化する。

「経営理念」とは、成員各人の共同主観によって編み上げられた、またつねに編み上げ直されつつである「織物（タピストリー）」、イメージのマンダラである。共同主観は多数の主観がそれぞれのままで多元的に作り上げる相互関係的・相互主観的な「世界」である。そこには「状況の主観的な見え方（主観的表象）に基づく手続き的合理性による満足化」（サイモン）の機序が働いている。つまり、人は日常の生活経験を通して主観的に把握した局所的「体験」を相互学習（手続き合理的満足化）しつつ全域世界をイメージ（共同主観的自己編集）するしかないのである。こうして、コミュニケーション的実践による相互理解のさらなる深化が図られると、そこには成員各人の局所的「見え」と企業世界の全域的「見え」を繋ぐ中間媒介的「見え」の世界を開く役割を担う者（共同主観的イメージ形成を容易にするよう配慮する者）の登場が要請されることとなる。要するに求められるのは、局所的な、あるいは「自己中心的な観点」から把握された日常的体験世界を、相互主観的、間主観的な、あるいは「場所中心的な観点」（清水博）から眺められた理念的企業世界の明るみへと引き出す通路をどう開くかである。光源から発せられる明るみのなかで企業世界の「場」を輝かせ、それに映発されて成員各人もまたそれぞれに輝くことができる世界をどう開くかである。そこにおいてこそ「輝く女性」が登場する場と機会が十全に用意される。

「輝く」には、客観的に自己をチェックする内在化されたいまひとつの視点も必要である。あたかも芸術家が自分の作品に一貫した「思想」を織り込み、それをいわば外部の眼として作品に統一性をもたせつつ自己独自の作品世界を創出するのとそれは同じである。また、そこには「創造の喜び」など「意味」に充ち溢れた世界を他者との日々の実践行動のなかで取り戻す生（なま）の体験もなくてはならない。企業は、成員各人が有機的活動の総体として「価値連鎖の共創」という「意味」の世界を日々生起させている「場所」であるが、同時に「価値ある生活」という個人の「意味」実現の「場」でもある。企業世界の「意味」と個人の生活世界の「意味」とを相互作用させながら、互いにその内実を豊富化する過程としてわれわれの人生は営まれる。そのような深い意味での世界創出に主体的に関わって生きているという自覚をもてたとき人は真の「生き甲斐」「働き甲斐」を覚えることができる。個々の「輝く」光束はみなそこが光源である。〝やまとをみな〟には自らその光源たらんとする覚悟、気概、そして自負がある。

## 【補注4】組織の〝民主主義〟的運営

「女性が輝く」ことができるには先ず企業組織が民主主義的に編成されていなければならない。そこで問われるのは、「メンバー各人の自立を保証し、その自由な活動を最大限に確保したうえで、そこから安定した秩序が持続的に実現していく場をどうやって設えるか」（宇沢）である。それは、社会において民主主義は可能かという一般的問いと同価である。

ではどうすればそれは可能か、答えは暫く措くとして少なくともわれわれが腹に納めていなければならないのは、社会において民主主義が可能となるための基底的諸条件を整備するためには先ずは企業内においてこそ同様の条件が整備実現されていなければならないという一事である。

しかしながら、基底的条件さえ整備されれば民主主義が実現する、というほど現実は甘くはないのは企業内民主主義についても同様である。絶えず検証し、再構築し、不断に鍛え直していかねばならぬのが民主主義である。以下、その実現可能性のための諸条件について検討する。


企業内という限られた場において民主主義が実現可能なら、それはひいては社会全体の民主主義を可能にし、その内実をいっそう豊かにするだろうという側面と、社会に民主主義が定着してはじめて企業内民主主義も実現し、さらには一段とその内実も豊かになるだろうという側面との両面がある。両者は相互生成的・相互補完的関係にある。いまここでわれわれが考えようとしているのは、われわれは民主主義の実現を狭義の政治過程にのみ委ねていてよいのであろうかという自問である。

多少飛躍した言い方になるが、真に民主主義社会を実現しようとするならこの社会の主たる構成員である企業（という小社会）においてこそ民主主義が実現されるべきだということ、社会構成員一人ひとりに民主主義精神を求めるなら企業において（その成員にも）それが求められるのは当然だということ、言いかえれば、内に確固たる自律的規範をもって積極的に全体秩序形成に献身しようとする企業内メンバーによって企業内民主主義が実現することではじめて、社会の民主主義もより強固なものとなるのだという信念をもって企業自らがその実現に率先躬行すべきこと、このことこそが21世紀の企業の使命ではないかということ、つまり、企業内民主主義の実現といういわば私事を民主主義社会の実現という歴史的課題にまで射程を広く遠くまで延ばして考えようということ、収益性・有用性・効率性といった「閉じられた場」に自己拘束されることなく自らを歴史的・文明史的次元へと解き放とうということ、これである。

問題は、そのような「開かれた場」である企業こそが21世紀を「輝かせる」、そのような社会的仕組みをこれから官学民あげてどう構築していくかにある。それができてはじめて「女性が輝く時代」も開かれるとの信念をもってそうするのである。

**組織編成原理の組み替え**　これまでの企業一般の組織原理を分かりやすく図解すれば次ページ［図14］のようになる。

企業におけるこれまでの意思決定機構・権力構造はこのように職制上のトップ層（上位職階）ほど場・機会・権限に対してより広く開かれる構造になっている。これはこれで合理的（統合調整的意思決定つまりクリティカル・デシジョンをあまり必要としないような、言いかえれば機会主義的意思決定つまりルーティン・デシジョンだけでことが済むような平衡安定的企業、あるいはそういう部署・局面なら）ではあるが、環境条件の変化がめまぐるしくそれへの柔軟敏速な適応がつねに求められる非平衡不安定状態に置かれている大方の企業（あるいはそういう場面）ではこれだけでは十分でない。これでは「安定した（ということは幾分か硬直した）秩序」は実現できても＜「人間的尊厳と人格的自立が保証され」た組織で、成員各個が組織人としての「自由を最大限に確保」する＞（宇沢）というわけにはいかない。

これに対してはもちろん反論があり得る。＜企業組織が従うべきは経済合理性（市場原理）であり、民主主義という政治過程が立脚すべきは倫理道徳性（人間性原理）であって議論の次元が違う、合理性・効率性をもっぱらとする企業組織（社会）においても「人間的尊厳と人格的自立」は十分に保証されており、成員各個の人間的・人格的自由も現に「最大限に確保」されている、この二つは両立可能であって二者択一の議論ではない＞というのがその立論の要旨である。

しかし、倫理道徳性を括弧入れしておいてもっぱら経済合理性のみを追求するのが企業だとする

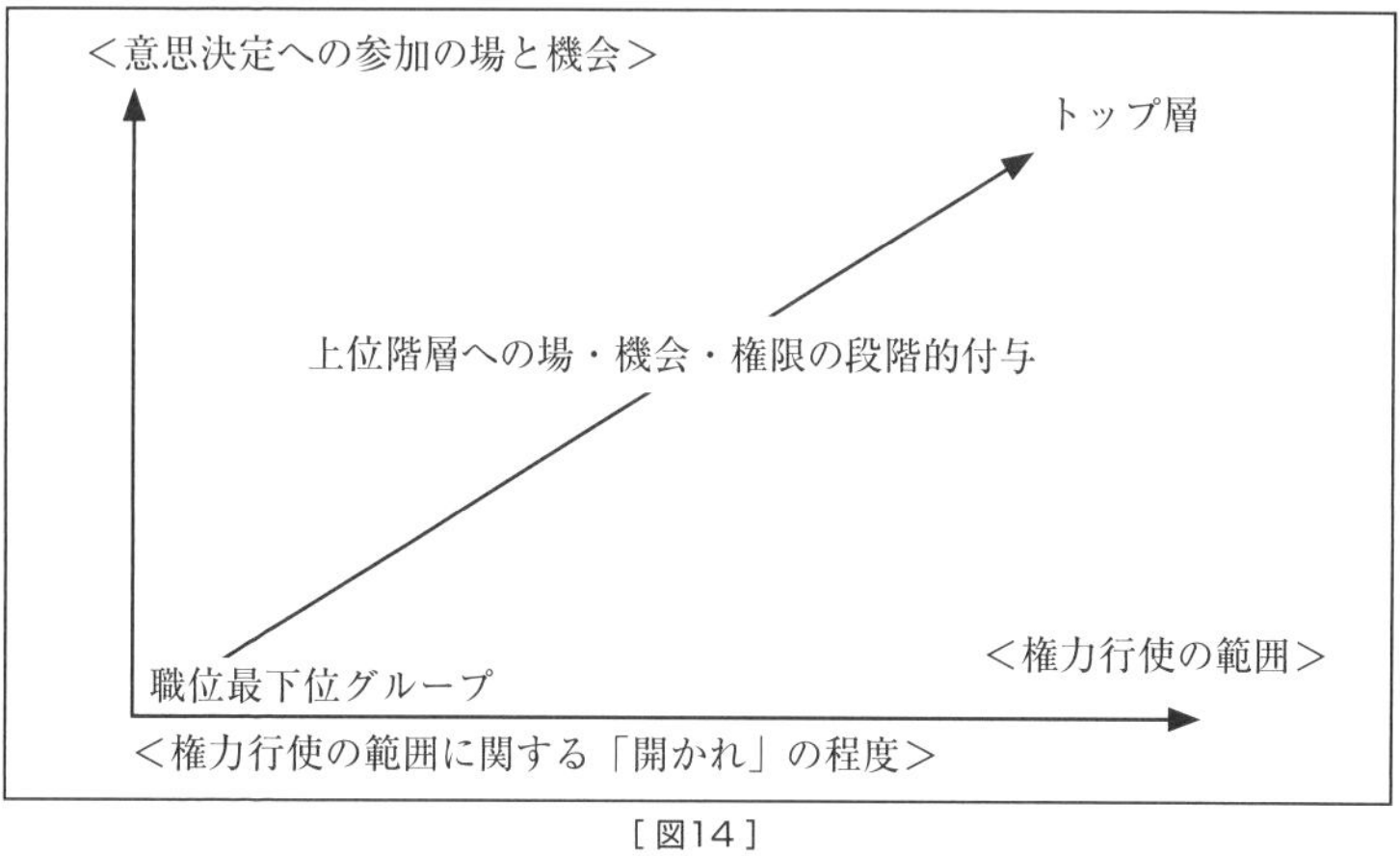


［図14］

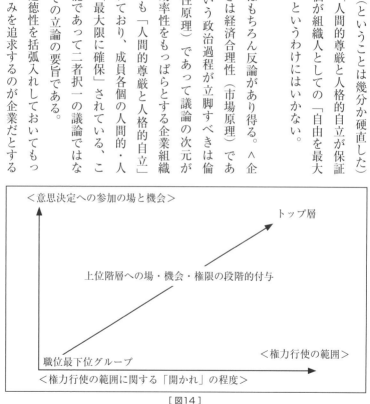

考え方には問題がある。これは〈倫理道徳性と経済合理性が融合する中間の場における安定した秩序形成〉こそが企業が一貫して追求すべき主題だとするわれわれの考え方とは相容れない。

われわれの主張を補完する意味で、参考のため政治学者ダールが掲げる〈民主主義が目標とする「望ましい結果」〉を以下に挙げておく。

①独裁者による暴政を回避する力になる、②数多くの基本的権利（参加の権利、自分の見解を表明し議論する権利、代案を考える権利、決定プロセスに参加する権利など）を保証する、③それ以外の方法（制度）に比べて個人の自由を幅広く保証する、④基本的な利益（健康、愛情、尊敬、安全、家族、友人、満足のゆく仕事、余暇などに関する欲求や信念）を守るために役に立つ、⑤自己決定の自由を個人が行使する機会を最大限に提供する、⑥道徳上の責任を果たす（みずからの道徳的原理をよりどころとして意思決定を行う）機会を最大限に保証する、⑦それ以外の政治体制に比べれば、いっそう人間性の展開（誠実さ、公正さ、勇気、愛情など望ましい資質を開花させるヒューマン・ディヴェロップメント）に役立つ、⑧政治的平等（自分の見解を他のメンバーに知ってもらう機会、政策決定に参加する機会、政策とそれが引き起こす結果について知る機会、アジェンダをどう設定するかを決める機会、が全員に平等かつ実質的に確保されていること）の深化を促す、⑨戦争よりも（妥協や信頼に基づく）平和・友好を求める、⑩市場経済を採用することによって非民主的な政治

を行っている国々よりも繁栄しやすい（つまり市場メカニズムと経済成長に強みを生かすのに適した条件を提供しやすい）、以上である。（『デモクラシーとは何か』R.A.ダール；〔岩波書店〕参照）。

民主主義とは「普遍的自由」「自己決定」「道徳的自律」「人間性の展開」「市場経済的自由」などの倫理道徳性と切り離しては考えられない概念である。企業もまた同様に、そのような倫理道徳性と切り離しては考えられない。すなわち、一企業内で民主主義的運営を行うことと社会一般に民主主義的制度を根づかせることとは倫理道徳的観点からして本来的に別事ではないのである。企業と社会で別々の倫理道徳規範があるわけではない、両者を別ものとして切り離して考えねばならない根拠はない。

しかしながら、国家・社会・組織のそれぞれで目指される民主主義の間で、同じ制度機構が適用されねばならないというわけでない。つまり適用すべき民主主義の制度機構はそれぞれであって差し支えない（場合によっては民主主義の適用を一時的に留保するということもあってよい）が、いずれにせよ「非民主的な側面だけは何としても排除する」という一点において、国家・社会・組織（さらには家庭も含めて）すべてが（民主主義社会を実現するうえで）共同の責務を負っているのである。

国家と社会の両方に関係する小集団——たとえば企業、特定の目的をもった利益集団、教育組織、ボランティア団体、その他――ごとに〈デモクラシー規準〉には差異があるのは当然であるとしても（民主的な運営が可能な場合でも必ずしもデモクラシー形態が一つしかないというわけでもないにしても）、最低限、民主的な運営は如何なる集団においても同様に目指されるべきである（あらゆる制度・機構においても非民主的な側面は厳しく糾弾されねばならない）。国家の構成単位であれ、多元的な市民社会のなかの独立した集団（その典型が企業）であれそこには例外は存在しない。

たしかに、「デモクラシーの原理に照らせば、どんな集団の運営に関しても疑問がいくつか出てくる」。つまり、「意思決定に関係のある人びとの利益や関心事が集団運営において平等なものとしてしっかりと配慮されているか」、「どの程度まで集団は実効性のある参加の機会をメンバーに提供したらよいのか」、などについての疑問はつねにつきまとう。だが、いずれにせよ「組織はほとんど、あるいは、すべてといってもよいかもしれないが、ある程度デモクラシーの要素をもっているし、デモクラシーをいっそう押し進める余地がかなりある」（ダール）。

企業もまた民主主義社会の主たる構成員として、その視点からつねに自らを精査しなければならない責務を負っているのである。

では、そのような見地のもとで（あるいはそれをさらに一歩進めて）、企業を民主主義的理想を実現するための一つの場として編成し直すにはそこはどう編成替えされるべきであろうか、それを分かりやすく図解すれば［図15］のようになる。

すなわち、目指されるべきは［図14］（155ページ）に示すような「閉ざされ」た権力行使的階層組織体制を、まるごと∧場・機会の「開かれ」た体制∨へとシフトさせることである。すなわち適材適所主義による開放的組織体制の実現である。それによって組織を∧意味・価値・使命感・働き甲斐にあふれた「やる気」集団∨に変えることである。

では、それによって企業の内実はどう変わるか、そこに実現するであろう企業内民主主義の姿を以下いくつかの側面からラフデッサンしてみる。これは同時に企業内民主主義を実現するための方略を探ることに通じる。

**組織に市場の風を吹き抜けさせる**　前ページ［図15］の組織原理によって企業は知価連鎖生成の∧開かれたネッ

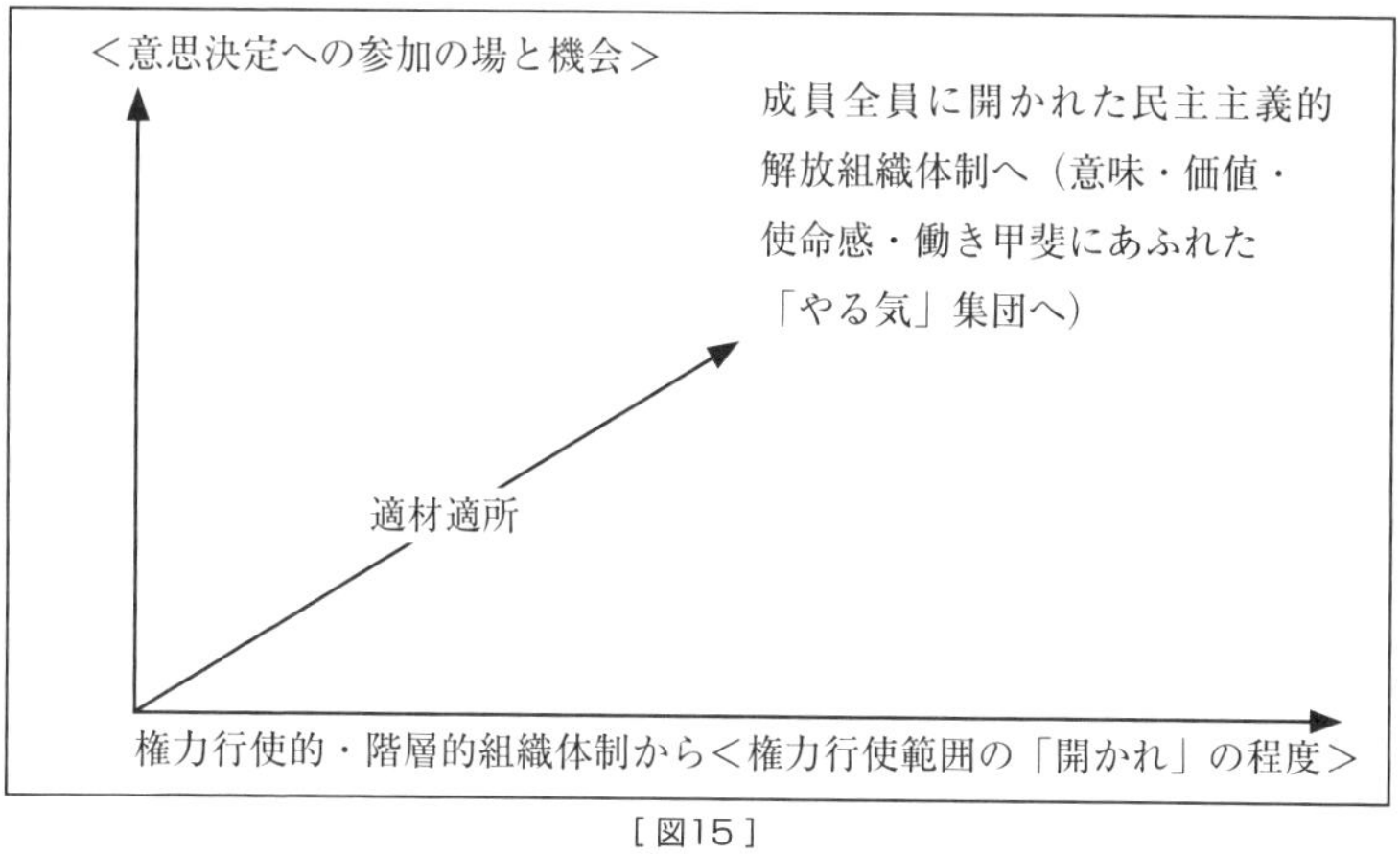


［図15］

トワーク〉となる。そのネットワーク上で内外を問わずあらゆる知価資源が流れ行き交う。企業はまるごと知価流通の市場になる。そうなると、市場には市場に固有の秩序機構があるように、企業にも固有の知価連鎖秩序機構が生まれる。市場と企業、両者に通底する原理は同じであるから、市場に内属するかぎり企業の秩序機構は原理的には市場機構と平仄の合ったものとなるはずである（具体的には、それぞれの企業に特有の組織機構がそれにオーバーラップする）。

新古典派経済学の市場理論では本来なら〈各経済主体の利己的な行動が市場に内在する価格機構によって調整され、一時的に逸脱することはあっても、やがては「神の見えざる手」に導かれて均衡状態を回復する〉というワルラス的一般均衡が想定されているため、知価流通市場と化した企業においても同様に〈自らのダイナミクスによって成員各人の自由な行動は自ずと調整され、一時的撹乱はあってもそれはやがては均衡を回復し再び自励発展の軌道に乗せることができる〉という想定が成り立つはずである。

しかし新古典派理論ではそうは考えない。新古典派経済学では経済主体である企業はあくまでも市場原理とは別原理で動くものとする。たとえばハイエクのように非線形性を市場の特徴とする立場であっても、彼は企業についてはそれを線形的プロセスとしてしか見ない。「市場は競争的発見の場、試行錯誤によって逐次的な調整が加えられていく、自由な市場原理が支配する場であり、他方、企業は経済合理的な計算が成り立つ計画原理が支配する場であって、両者は同じ経済と言う名で呼ばれてはいるが、そもそも別原理で動いている」ものとする。ハイエクによれば「企業は与えられた諸目的の階層に仕えるべく組織された単一の社会であって、市場とは本質的に異質であり異なる基準によって判断されるべき」だとされる。企業は「一元的な秩序にもとづいて計画的に資源を配分するような組織であって、無数の個別的な経済活動から構成される複雑な構造をもった市場とはまったく違う」というわけである。市場の特性は非線形性にあるが、その市場を構成する企業はもっぱら線形性を特徴とする経済だとする点でハイエクの立場は市場・企業二元論と言ってよい。あるいは線形性の相互作用から非線形性が生まれるという複雑性のもつ特徴は市場については認めるが、企業については線形性の側面だけを見る、ないしはその側面のみを強調する立場と言える。

これに対しわれわれは、企業もまた同じく市場原理によって深く浸透され、市場経済を成り立たせている経済主体として広く市場のネットワークに組み込まれた存在であって、それ自体が非線形相互作用の場であるとする（企業と市場はともに非線形性を特徴とする複雑系であるとして両者を一体的に捉える）立場である。だからこそ、市場もまたそのような企業を不可分の構成要素として成り立つ非線形相互作用の場なのだと考える。企業と市場とは相互生成的・相補的に一体なのである。

ハイエクが言うように確かに「市場は単に手段連関的であるにすぎず、したがって目的に関する合意を必要とせず」に「分岐する諸目的の裁定を可能にする」というところに特徴があるが、われわれはそれに加えて、市場もまたハイエクが企業の特徴として挙げる「その参加者が単にデータに反作用するだけでなく、目的意識的に行動し、経験から学ぶ自生的システム」でもあると考える。また、ハイエクが言うように企業は確かに「合意形成と複数目的の裁定」をもっぱらとするところに特徴があるが、われわれはそれに加えて、企業もまたハイエクが市場特性として挙げる「知識獲得・知識創造の発見的な場」、「非中心的で分散的な情報システム」、「ライバル競争的で分散的な市場原理が貫徹している発見的競争の場」でもあると考える。企業原理と市場原理は互いに浸潤し合っているのである。

ハイエクが言うのと違って、市場にも∧合意に基づく諸目的の裁定という政治過程（企業原理）∨が不可分の要素として組み込まれているし、企業も単に技術計算が可能な、ただ効率的に機能しているかどうかだけが問題であるような部分均衡系ではなく、広く宇宙環境まで含めた∧分岐する諸目的の裁定（市場原理）∨がなされねばならない全体均衡系なのである。つまり、政府による政治的介入を一切認めない純粋な自由市場も考えられないし、自由な冒険的探索を一切認めないような完全に統制された企業も考えられない。両者はともにその曖昧（両性具有的）な境界領域で成り立っているのである。これがわれわれの市場と企業についての理解である。

IT化の進展に伴って市場と企業の境界は今後ますます曖昧になっていき、両者の融合が進んでやがて企業には市場の風が吹き抜けるようになる（市場は操作対象の場となる）。つれて、そこでは両者を媒介する者、企業を市場に向かって開き市場の風を企業に（適切に制御しつつ）吹き込む「窓」の役割を果たす者の重要性が増していく。その役割を担うのがそれ自身が非平衡複雑系の存在者である企業成員個々人である。特にその典型として「輝く女性」たちの使命もそこにある。

もともと「複雑性とは要素の振舞だけしか見ない還元的な思考と、全体の振舞しか見ない総体的思考の二者択一から逃れ、その相互補完的関係を多様なものの統一の問題として、脱統合的に捉える思考態度」（エドガー・モラン）のことであるが、それに最も相応しい位置にいるのが「間」人（組織人格と個人人格との「間」を自己調停しながら生きている者、すなわち∧個―個人∨の矛盾葛藤を生きている者）である。すなわち、自らの内部で、外に向かって開かれた「個」と、内に向かって自足する「個人」との間のダブルバインドを自己調停する∧個―個人∨にしてはじめて内と外を適切につなぐ「窓」の役割を果たすことができる。その最適の位置についているのが「輝く女性」たちである。

「輝く女性」（に表徴される∧個―個人∨人格主体）たちの働きによって企業は真に「経験から学ぶ自生的システム」「知識獲得・知識創造の発見的な場」（すなわち企業原理と市場原理の統合体）へと編成されていく。彼〈女〉らはその場で状況創造的企業活動・環境創造的市場活動に励みながら市場と企業の一体的融合をさらに押し進めていく。ここには企業内民主主義の実現と相即した過程がある。

しかし現実はそれほど楽観できる状況ばかりではない。所有と経営の両面においてデモクラシーの目標とするところと矛盾する事態は現に随処で起こっている（独裁的経営者による理不尽な権力行使や、市場原理主義に基づく成長至上主義に起因する跡を絶たない組織犯罪など）。このような「資本主義市場経済のマイナス面を少しでも減らしながら、一方でそのプラス面を保持し続ける方法を見つけることができるかどうかが21世紀におけるデモクラシーの性格と質をほぼ全面的に決定するだろう」（前掲『デモクラシーとは何か』参照）。

**企業を一つの政治過程とする**　人間集団を秩序集団たらしめるのに最も必要とされるのは環境条件を正しく読み取り、それに成員各人をして創造的に適応せしめていく能力であるが、その能力は民主主義的風土のなかでのみ育まれる。またその能力が育ってはじめて企業内民主主義もより確固としたものとなる。

適応には環境条件に対して開放的なつまりそれへの境壁が低い外向的な適応と、環境条件に対してどちらかといえば閉鎖的なつまりそれへの障壁が高い内向的な適応とがある。どちらも環境条件に対する自己適応の一つの型であってその間には勝劣の差はない。人間集団が環境条件にうまく適応してそのホメオスタシス性を維持していくにはそのどちらもが必要である。急激な環境変化に対しては外向的適応が強すぎてはかえって混乱を招くこともある。その場合は内向的適応がバッファーの役割を果たさねばならない。逆に内向的適応が強すぎると防衛的適応ときには敵対的適応ばかりになり進歩発展への障害となりかねない。その場合は外向的適応によってバランスを回復しなければならない。いずれにせよ過剰適応や適応不全が起こらないよう環境条件（場の拘束条件）に合わせて両者を使い分けていく必要がある。この相互反照的相互生成の原理は民主主義の根幹をなす原理である。

＜個―個人＞人格はこの内向的適応と外向的適応の両面を巧に使い分けることのできる自己適応型人格である（自分自身がその両面存在なのだから）。この自己適応型人格はコーディネーション力が強く、情緒的に安定しており、社会性があって行動的である。コーディネーション力とは同化と調整の両機能を統合しながら環境条件に応じて柔軟に自己変容することのできる能力である。それは同時に自己変容を通して環境を変革していく能力でもある。この自己変容的適応と環境変革的適応の両適応能力を具えた＜個―個人＞にしてはじめて企業内民主主義の主たるプレーヤーとなることができる。それは、いままでとは違ったコンテクストへと自己を再編し、それによって場の見方を改め、新しい場の見方を通して自らを新しく生まれ変わらせ、それによって同時に場の状況をも新しく再生させていくことを自らの役割・使命とするような成熟した＜個―個人＞、言いかえれば、もっぱら＜管理・統制・指示・命令＞することによって他者に影響力を行使しようとすることは単なる権力行使であって同化・調整には全く効果をもたないことをよく弁え知った民主主義的＜個―個人＞、民主主義実現のためには辛抱強く＜相互学習・相互理解・相互支援・相互信頼＞を積重ねていく以外にないことを熟知した＜個―個人＞である。この成熟した＜個―個人＞たちが状況に応じて自在に創造的適応を行うことができるよう環境条件が整えられてはじめて企業内民主主義が実現する。それは一種の企業内政治過程である。この政治過程を閉塞させたり、あるいはその過程に誤まった操作的介入を行うと組織は強弱の差はあれ内破的無秩序状態あるいは自閉的閉塞状態へと陥ることとなる。「輝く女性」たちは進んでこの〈個―個人〉役割を引き受ける。

同化・調整とは一切の操作的作意を排して環境条件を不断に同化しながら場の最適状況を創造的に調整していく営為のことである。メンバー各人に自己変容を通して環境全体を変容させていくように促すことで自己を場とともに共進化させ、そうすることによって企業自らを環境変革の主体と化すことである。これは本来、民主主義的な政治世界では日常的に行われている事柄である。そういう意味で〈個―個人〉の働きは高度な企業内政治過程と言うことができる。

政治とは自己変容・自己変革のプロセスによって〈状況を有意味で合理的な全体として再構成的に把握する〉こと、〈それによって目的意識的に秩序づけられた行動統一体を組成し、役割と行動の計画的組合せを実現することにより、行動連関の現実的統一という動的過程を生み出すこと〉(〈　〉内引用は『政治学』丸山真男、以下の〈　〉も同じ)という定義に従うなら、これは生命論的経営におけるマネジメントの定義とぴったり重なる。そこにはともに〈状況〉が重要な要素として介在している。つまり〈状況との相互移入関係〉

によって役割行動が組み替えられ、それによって〈行動連関の現実的統一という状況〉に変化が生じ、この〈状況変化〉によって〈行動統一体〉に再編的変化がもたらされるという双方向的・相補的事態である。〈アクターの行動と状況の連鎖体系〉を動的に把握すること、すなわち〈状況関連の文脈的把握〉が政治リーダーの重要な役割であるとするなら、それは企業内の覚醒した〈個—個人〉の役割と重なりあう。そこでは全体の文脈に関連させての自己理解が大切である。つまり〈場にあって場を超えた展望をもつこと〉である。自己を新しくすることで〈諸関係の関係〉をつねに想像的・創造的に新しくしていくことである。この一連の〈個—個人〉の働きから企業内民主主義が育っていく。同時に企業内民主主義の実現プロセスのなかで〈個—個人〉はさらに鍛えられていく。

企業内民主主義が有効に成立している現場では、多様なフィードバック・ループが確保され、それを通してその場にみなが共有できる統一されたイメージが生みだされていく。しかし、フィードバックがあまりにも多様化・多方向化するとかえってマネジメントそのものが機能しなくなる懼れがある。それを避けるためにはフィードバック・ループが無限循環するのをどこかで覚悟的意志によって断ち切る必要がある。独断主義にも陥らず、かと言って優柔不断にもならずに、積極的にマネジメント機能を発揮するためにはこの覚悟的選択意志による截断は避けられない。企業内民主主義にはこの覚悟的選択意志の発動はつきものである。それは言いかえれば成員の理解・納得と協力を調達するにあたって障害となるケースがあればやむなくそれは自律的に排除されねばならないということである、つまり、あり得たであろう残余の可能性を諦念をもって棄却することである。民主主義的プロセスにはこのような截断・排除・断念・棄却はつきものである。

計数的処理といった一見価値中立的な手続行為ですら関数方程式に組み込むことのできなかった計算項を選択意志的に排除することではじめて可能になる。複雑性を縮減する営為で覚悟的選択意志と無縁なものはないと言ってよい。民主主義が強権的全体主義と違うのは、この截断・排除・断念・棄却したものへの愛惜の念を忘れないことである。企業内民主主義はいわばこの＜悲心に浸された状況截断システム＞なのである。

だとするなら、大事なのは場がつねに「適切か」「望ましいか」の「問い」に対して開かれていることである。つまり、異常・細部・差異・変調・逸脱などの辺縁的揺らぎから「意味と価値を掬い取る努力」を怠らないことである。つまり周縁系から発せられる異議申立てに謙虚に耳を傾けることである。自身の「権威・権力・権限」すべてがいわばステークホルダーからの信託に由来するものであることを寸時も忘れないことである。これは企業内民主主義に求められる政治的・行政的手腕と言ってよい。この一連の政治過程を通してはじめて企業内民主主義は発達・進展していく。こうして企業内民主主義が一歩づつ前進していけば成員各＜個—個人＞はすべて自分の行動や発言に関して広範囲に責任を負わねばならない者、また負い得る者となる。それによってはじめて経営の倫理性、正統性、権威性も担保されることとなる。

**権威主義的マネジメントの出番をなくす**　状況が危機的になればなるほど企業内民主主義的の対極としてあたかも真理や正義を体現しているかのような偽装の下で一方向的な強権発動としての〈権威主義的マネジメント〉が登場してくる懼れがある。そうなると成員の信頼と忠誠は動揺し猜疑と不信が蔓延することになる。企業内民主主義を根づかせるためにはこのような〈権威主義的マネジメント〉を呼び込むような危機的状態に陥るまえに適切な処置をすることが重要である。そのためには現場を平素から危機的状況への対処訓練に曝すことで物事を自主的・自律的・民主的に処理する気風・能力を組織の末端から醸成・養成しておくことである。それによって〈権威主義的マネジメント〉の出番をはじめからなくすのである。逆に言えば、企業内民主主義が定着しているところでは〈権威主義的マネジメント〉は影を潜めるということである。

企業によっては意図的に危機的状況を作り出したり仮想の敵を発明したりすることでマネジメントの求心力を強化しようとする作為がなされることがあるが、そのような権威主義的操作のなかからはけっして企業内民主主義的は育たない。経営が目指すべき〈究極の意味と価値〉に向けて不断に成員各〈個―個人〉の自主的・能動的参画を促しつづけることによってのみそれは可能である。それでもなお危機的状況にあって企業内民主主義が機能しなくなった場合、あるいはこのままでは企業内民主主義自体が危ういと判断される場合には、トップ主導のもとで強力な線形路線を打ち出すことで一挙に非線形的複雑性を截断・縮減せねばならないこともちろんあり得る。それはやむを得ぬ状況截断行為ではあっても権威主義的権力操作とは違う（そこではどんな状況截断行動であっても細心の配慮をもって、しかもできるだけ抑制的に運用される）。どんなにまどろっこしくても企業内民主主義にはそのような∧冗長性のコスト∨が含まれている。辛抱は民主主義の母である。「輝く女性」が具える美徳の一つがこの「辛抱」である。

**知のネットワーク化を進める**　企業内民主主義が実現し、すべての∧個─個人∨に場・機会が平等に開かれるようになると企業は「知のネットワーク」となり、∧個─個人∨はそのネットワーク上に住み込む「市民」となる。

知は本来的に公共財である。公共財は誰でもがいつでも自由にそれを使用できるところに特徴がある。しかも知は他の公共財と違ってみなと共有され共用されることのなかでその価値を自己増殖していき、つれてそれを獲得・使用するコストもさらに低廉化していくという特性をもっている（公共財としての知の購入コストは無限にゼロに近づいていく）。企業は開かれた付加知価連鎖の創出体であるから本来企業内部でこそこのようなメカニズムが働いていなければならない。

現実にはなかなかそうならない。それは成員のなかに自らがもつ知を公共財として提供することに対し自分の市場価値を低めることになるのではとしてそれに抵抗する勢力や、あるいは他者から知の提供を受けることを自分の評価を貶めることになるとしてそれを拒絶するような心理機制が働くからである。または、それを公共財として流通させるための仕組み（インフラ）が企業内に十分に整備されていないという技術的理由のためである。今後はこれらの心理的・物理的ネックをいちはやくブレークスルーした企業が他と差別化された付加知価連鎖を継続的に産出して競争優位を獲得していくことになる。問題は成員意識をどう改革し、必要な仕組み（インフラ）をどう作り込むかである。それがなされてはじめて企業内民主主義はいっそう進展する。それは企業内民主主義が実現するための必須の条件である。

「知のネットワーク」化を進めるためには、まず自己組織的に形成されたインフォーマルな〈知のネットワーク〉を組織の隅々にまで張り巡らし、そのネットワーク上で組識の枠組みや組識上の地位に関係なく成員各人が〈知のコラボレーション〉を率先して行うよう促す仕掛けが必要である。すなわち〈知のネットワーク〉がそのナレッジ・エキスパティーズの程度・特性に応じて専門領域を超えて自在に構成されていくように誘導することである。それは誰でもが容易に参入できるフォーマル・ネットワークから、高次のエキスパティーズをもった者たちによって主として構成されるインフォーマル・ネットワーク、さらにはそれらのフォーマル、インフォーマルなナレッジ・ネットワークをともに包み込むような全組織的なハイパー・ネットワークまで、できるだけ多層・多重・多様であることが望ましい。そのような〈知のネットワーク〉のなかで知のエキスパートたちが自らのエキスパティーズをますます多層化・多領域化・高度化していくことができるなら成員各人は互いに自分が〈知のネットワーク〉のどこに位置しているか、誰がどこでどれだけ有用な機能環たり得ているかが分るようになる。彼（女）のナレッジ・ワーカーとしての力量と働きも自他ともに分明になる。そこでは知識・情報の質と量だけでなくタイムリーにしかも親身に〈知のコラボレーション〉を組成したかどうかが問われる（評価される）こととなる。そうなれば、もっぱら指示・命令することをもってマネジメントと考える（指示・命令しなければ部下は動かない、ないしは部下は指示・命令に従ってさえいればよいというような）権威主義的マネジメントに代って本当の意味での支援・信頼とは何かを心得た民主主義的マネジメントが登場してくる。そこから旧来のあまり適正とは言えない処遇体系（評価システムや処遇制度）もより納得性・透明性の高い体系・制度へと高度化されていく。こうして多様な知のフォーマルあるいはインフォーマルなネットワーク・マトリクスの上で活発な知の流通・交流が行われるときはじめて、組識は随所に〈知〉が創発する「輝く人間」たちの集団となる。（この全体プロセスはこれからＡＩによって補完されることとなるであろう）。

**部下指導にメンタリングないしはコーチングの要素を取り入れる**　医師は患者が自己治癒するように支援するのが本来であるように、企業での部下指導も本来的には成員自身にいま自分がどのような問題・課題に直面していてどのような支援を必要としているかを自ら分からせることである。また支援するリーダーもメンバーが直面している状況（その心理も含めて）を正しく理解するよう寄り添うことが本来のあり方である。要するに部下指導とは成員が自分で解決方法を見つけることができるようリーダーがその問題解決プロセスを手援けすることだということを双方が理解することである。〈クライアントにとって助けになると最終的にはメンターとクライアント双方から認知されるようなプロセスにクライアント自身を関わらせること〉、〈荷物を一緒に背負ってあげることではなく自分で荷物が背負えるように背負い方を体得させること〉、〈新たに支援を必要とするような事態に遭遇しても今度は自力でそれに立ち向えるように支援してあげること〉である（〈　〉内は『プロセス・コンサルテーション』エドガー・シャイン参照）。リーダーが心がけねばならないのは成員各人別にどのような支援が適切かを判断し最適な支援方法・時期を相手と状況に合わせて選択することである。すなわちメンタリング、コーチングである。このような部下指導理念のもとではじめて企業内民主主義の風土は醸成される。

なお、そのようなメンタリングやコーチングが有効に成立するためには前に述べた〈知のネットワーク〉上でどのような知的支援が受けられるか、その内容と手続きについての知価情報支援システム（ＡＩによって補完される）がインフラとして整備されている必要がある。たとえば、誰でもがそのネットワークの一端に触れるだけでネットワーク全体が共鳴的に反応するようなシステム、すなわち〝Ｈｅｌｐ Ｍｅ〟の呼びかけがあれば直ちにネットワークのあちこちから自発的に〝Ｈｅｌｐ Ｙｏｕ〟の応答があるようなシステムである。あるいは特に支援要請をしなくても、ネットワーク上でつねにさまざまなサーチが可能で、必要ならいつでもそれに叶う知識情報がさまざまな場所から採取（受信）できるようなシステムである（ＡＩがその機能を搭載する）。なお、それには支援者（寄与者）たちの活動を適切に評価しその成果について適正に報いる仕組みもセットされている必要がある（それには支援を受けた側の評価が織り込まれる）。そのような＜知のネットワーク＞をサポートする＜ＩＴを活用したツール＝ＡＩ＞を効果的に開発し使いこなすのもこれからの＜個―個人＞の重要な役割となる。これからは日常の業務執行とこの新しい役割とを巧みに組合せていくのが部下指導（組織運営）の中心課題となる。そしてこれらを総合的に検証し評価していくことが「輝いている」かどうかの重要な判断指標となる。

なお部下指導については、それが真に本人のためになるのか、よりよい可能性を閉ざすことにならないか、真の問題を隠蔽することにならないか、かえって心理的反発を招いて人間関係を悪化させることにならないか、などについての反省が一方になければならない。またどのように支援するのかの技法・手法にも工夫が必要である。つまり、相手が意欲的・積極的でありつづけるような支援方法、自分で理解し考え実行することの手援けとなるような手法の工夫である。そのようなメンタリング手法・コーチング手法が部下指導にセットされてはじめて企業内民主主義も真に定着が可能となる。

メンタリング手法・コーチング手法についてはさまざまな工夫がなされるべきであるが、なかでも重要なのは自己のミッション（役割課題行動）と組織のビジョン（全体文脈的行動）

とを効果的に連接することができるようにするための手援けである。それには役割課題についての再定義も必要だし、役割の学習目標、課題の達成目標の再設定も必要である。それは民主主義的討議・対話のなかではじめて実効を挙げることができる。

**企業を「英知共同体」と化す**　企業内民主主義を実現するためには企業は開かれた「英知共同体」とならねばならない。〈個—個人〉がいわばその演出者となる。そこでは、管理は相互学習へ、統制は相互理解へ、指示は相互支援へ、命令は相互信頼へとそれぞれ内容充実されていく。

人間の最高の喜びは〈分かりあう〉こと、〈分かってもらう〉ことにある。〈分かる〉とは他者との出会いを成立させることであり、自分の存在を他者に認知してもらうことであり、同時に他者をかけがえのない存在として認知・接遇することである。相手の真の価値に焦点化しその実現を手援けすること、相手の現在の位置と状況と問題点を顧慮してその価値実現・自己実現に協力することである。それを通して他者認知＝自己認知の環を広げていくのである。「英知共同体」とはそのような相互〈分かりあい〉の共同体である。

しかしそれには過度の感情移入や情動的一体化は慎まねばならない。自他に対して批判的距離を確保することが大事である。互いの自己内対話、その論拠の相互探求、妥当性についての互いの相互反照的吟味が必要である。他者のパースペクティヴを考慮にいれながら判断すること、すなわち自分とは異なったパースペクティヴが他者には開かれているという事実を弁えること、自分の視野に入っていない他者の世界が存在することを知ること、他者の立場にあったら事柄はこのように見えるかもしれないという仮説的な思考の幅を広げること、つまりは、他者への顧慮に当たって相手の立場に自らを置き入れその範囲を超えて顧慮を拡張させないことを他者理解の根拠とすることである。それは自らの妥当性の相互検証過程でもある。そこから真の意味での公共性が生まれる。公共性とは〈非人称の他者同士の強制的・抽象的・顔の見えない・機能的な連帯〉に代えて、より〈自発的・具体的・顔の見える・人格的な連帯〉を他者同士の間で人称的に構築することである。つまり〈存在者同士が差異性を保ったままでその非決定性を相互に受容し合う公共圏を共同構築〉することである。そこではかけがえのない他者が自己とともに立ち現われる。互いのかけがえのなさが再確認される。この代理不能・共約不能・一般化不能の他者性の相互尊重から真の意味での企業内民主主義が生まれる。そこはすべての存在者が価値をもつ者として尊重される空間、理解から排除された者たちの救済の場、承認されていないことの悲しみや怒りが癒され回復される場所である。(『公共性』斎藤純一〔岩波書店〕参照)。「輝く女性」たちこそその任をよく果たすことができる。

「英知共同体」の統摂原理は相互理解に基づく奉仕原理である。奉仕とは満足・喜び・義務・使命の相互〈分かちあい〉である。そこでは日常の業務遂行とは自ずから異なった行動原理が求められる。いわゆるコミュニタリアニズムやボランタリアニズムに裏づけられた奉仕の原理である。奉仕原理とは相互理解を基に互いの使命感・満足感を通して参加者全員の人間力を豊かにしていく活動原理のことである。そこにあるのは強制や権力あるいは義務から免除された〈信頼し合い・援け合い・

学び合い・分かり合い〉である。他者がよりよく行動できるために自分はどのような知識・情報を、いつ、どのような形で提供できるか、相手の強みを活かし・相手に成果を上げさせ・相手を成長させるのに自分は自らの人間力をどう役立てることができるかを自分に問いつづけることである。そこでは誰も見捨てられる者はいない、みなが耳を傾けてもらえ受け止め応答してもらえる、余計者はいない、誰もがそれなりに輝くことができる、こうして「英知共同体」は互いにケアを〈分かちあう〉ボランティア空間となる。そこでは人は喜びとともに自尊・名誉を感じる。互いに比類のない者同士であることを認め合う。かくしてそこは、成員各人の〈行為・体験〉を不可欠の要素として成り立つ世界、〈出来事・経験〉への共通の関心によって結ばれた圏域、公有された〈知識・情報〉を正統性の唯一の源泉とする空間、〈知識・情報を活用するメタ知識・情報〉を共活用する協働の場所、つまり人間力の十全な発現の場所、企業内民主主義の花開く場所となる。

しかしながら人間集団にはつねに有用性原理からする排除の論理・周辺化の論理がつきまとうことも一方にはある。つまり有用（有能）ではないという理由で人間集団から排除ないしは異化される者がでるのは避けられない。この現実に対して企業がどう関わっていけばよいのか、企業はそれをも統摂するような新たな公共性の概念を構築することができるか、あるいはそれは究極の公共性を担保する機関としての国家に委ねるしかないのか、われわれは現状ではまだ経営空間においてこの公共的領域と私的領域との境界を超えた言説を定立できないでいる。われわれに与えられた課題は有用性・有効性・効率性を超えて（あるいはそれをも抱越して）必要性・かけがえのなさを原理とする企業内民主主義をどう構築していくかである。（『意味の文明論序説』今田高俊［東京大学出版会］参照）。「輝く女性」たちへの期待はここにもある。

＜個の自由＞と＜全体の秩序＞とがせめぎあう中間の場で成立する新しい＜公共圏＞での自律規範作用を＜全体の秩序（ノモス）＞のサイドから捉えれば＜コミュニタリアニズム＞（＜リバタリアニズム＞の対極として）となり、＜個の自由（ピュシス）＞のサイドから捉えれば＜ボランタリアニズム＞（＜ユーティリタリアニズム＞の対極として）となる。両者はその中間の＜公共圏（コスモス）＞で重なりあう。これからのリーダーに求められるのはその公共圏で＜コミュニタリアニズム＞と＜ボランタリアニズム＞の両精神を体現した＜個—個人＞となることである。そこでのキーワードは奉仕、友愛、気遣い、思遣りの精神を基底にした信頼、支援、学習、理解である。図解すれば次のようになる。

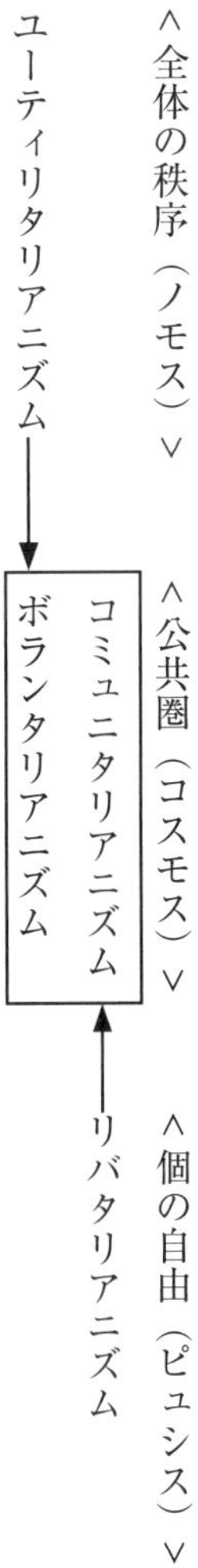


コミュニタリアニズムにはリバタリアニズムが、ボランタリアニズムにはユーティリタリ

アニズムがそれぞれ抱越的に内部化される。これらすべてが統合された〈公共圏〉を表象するコトバとしては、〝ボランタリー・アソシエーション〟、あるいは〝ニュー・リパブリカニズム（サンデル）〟、〝ミューチュアル・コミュナリティ（小林正弥）〟、〝コミュナリズム（〃）〟、〝コミュニタリアン・リベラリズム〟リベラル・コミュニタリアニズム〟などが当てられるが、このような「わたくし＝ボランタリアニズム」と「おほやけ＝コミュニタリアニズム」の中間の「開かれた場」に一切の既成の枠組みから自由な秩序空間をどう構築していくかは（その呼称は何であれ）われわれに残された今後の課題である。

コトバは何であれこの〈公共圏〉で実現するのが企業内民主主義、ないしは本書で言う「英知共同体」である。その内実は〈人格的に自立した成員各人が自由・平等・対等の立場で、主体的参画意識と対話・行動（およびその努力）を通して、みなが納得できる（あるいは納得せざるを得ない）規範によって秩序づけられた知的組織集団を、持続的・安定的に形成し・維持し・発展させていくこと〉である。リーダーシップ（貢献意欲の喚起）、ガバナビリティ（目的意識の統合）、マネジャビリティ（恒常的安定性の確保）、コーポレート・ベンチャリング（意思疎通の活発化）はそれを可能にするための基底的条件である。

# 第Ⅲ部

# 〝やまとをみな〟の仕事ぶり

## ―聖徳太子『憲法十七条』を下敷きにして―

〝やまとをみな〟とは、「やまとだましひ」と「たおやめぶり」を兼帯した日本女性のことである（本書の言う「輝く女性」はその表徴）。そこには猛々しい強い直情はなく、優にやさしい柔和な心根がある。加えて、高い理想、強い志、高貴な魂、豊かな才知がある。その中核には秀でた精神・才幹もある。そこから「きっぱりとしたいさぎよさ」「清らかな高潔さ」「愛とやさしさ」も生まれる。いま求められるのがこの〝やまとをみな〟である。

いま、物質的な豊かさの反面で精神的な貧しさをみなが感じている。経済的な格差はますます広がりつつある。少子高齢化の進むなか将来の夢も描きにくい。いまわが国を広く覆っているこの空しさと閉塞感から脱却するにはまだ十分に活かされていない資源を総動員するしかない。その残された希少な宝が現代を生きる〝やまとをみな〟たちのパワーである。

これまでもわが国は数多くの試練や困難を乗り越えてきた歴史を有する。破局に遭遇してもそのつど逞しく再生してきた歴史を共有している。その際、新しい時代の到来を根底で支えたのはいつも「やとだましひ」と「たをやめぶり」の兼帯者たる〝やまとをみな〟たちであった。あるいは旧弊になずんで行き詰った時代風潮に価値転倒をもたらしたのも〝やまとをみな〟による時代への拒否、時流への抵抗であった。いまもまた、その爽やかな拒否と抵抗に期待するよりほかにこの閉塞状態から脱却する方途は見当たらない。

「〝やまとをみな〟の女性学」はことさらに性差を論うことはしない。そこには「たをやめぶり」と「ますらをぶり」の兼帯がある。「〝やまとをみな〟の女性学」は即「〝やまとますらを〟の男性学」と通底しており、したがってそれは性差を超えた「やまとびとの人間学」でもある。その「やまとびとの人間学」の典型的範例をわれわれは聖徳太子の『憲法十七条』に見る。以下、『憲法十七条』各条文のなかに〝やまとをみな〟（＝「〝やまとびと〟＝〝やまとますらを〟」）の人間学の源流を尋ねてみることとする。現代に通用する文言に翻案するため適宜大妻コタカの言葉を引用する。

私的関心に引き寄せすぎた現代風の解釈（しかし大筋ははずしていないつもりである）には当然に異論が予想されるが、「古典は多様な解釈に開かれているからこそ古典である」ということに免じて大目に見ていただきたい。原文に即しての解説は、その時代的背景や出典まで踏まえて慎重になされる必要があるが、それらについてはすでに先学によって数々の優れた研究がなされているので、そちらを参照されたい。たとえば梅原猛氏の『聖徳太子Ⅱ憲法十七条』／小学館　など。

条文の一々を転載するのは煩瑣なので省略のこととし、いくつかのキーワードをもって各条を代表させていただく。

1、以和為貴　諧於論事

物事の「間」には矛盾葛藤がある。その「間」が調停されてこそそこに諧和がもたらされる。〝やまとをみな〟はその諧和を重んじるだけでなく、進んでそれをもたらすように努める。したがって

〝やまとをみな〟は党派を組んだり群れ合ったりしないし、論じ合うことはあっても、そこには自ずからなる和がある。

「〝やまとをみな〟の女性学」の第一条は「諧和」である。大妻コタカは言う「女性よ匂いやかであれ」、「あなたがそこに居るだけでその場の空気がパッと明るく匂い立つような人であれ」と。

2、篤敬三宝　能教従之

〝やまとをみな〟は自分のなかに確りした倫理・道徳規範をもっている。倫理・道徳規範には暗黙次元（仏）、明示次元（法）、形式次元（僧）の三つの次元がある。生活規範的に大事なのは明示次元（法）である。〝やまとをみな〟は法（規範）をもってよく人を教え導く。

大妻コタカは「心に信仰を持て」と言う。彼女の信仰は「観音」である。「観音」は「あの世」のことはいっさい語らない。説くのは徹底して現世のことである。コタカはその信仰心を背後に持ちつつ則るべき現世の「法」を説く。曰く「恥を知れ」「らしくあれ」と。

3、承詔必謹　万気得通

物事には自ずからなる上下の階序がある。それには下からの自発的参画と並んで、上からの規範的働きかけも必要である。その全体をバランスよく統べるのが〝やまとをみな〟である。そうなれば自ずから気が通い合い、場は秩序づけられる。

大妻コタカの思想的バックボーンをなすのは「感謝報恩」である。人間は森羅万象あらゆるものの恩義を受けて〝いま〟を生かされている。その恩義にどう報いるかが人間の使命である。この宇宙摂理ともいうべき恩義の連鎖に各人が自ら進んで参加することでそこに気の通じ合った秩序が自ずから生まれる。

4、以礼為本　位次不乱

〝やまとをみな〟にとっていちばん大事なのは礼（節度）である。特に上位になるほどそれが求められる。礼（節度）あってはじめて階序は保たれ、下もそれに遵う。

大妻コタカは「礼儀作法」を説いて倦むところがない。得意の裁縫を例にとりながら、「何事を為すにも基本の型がある。その型を踏み外さないかぎり人生を千鳥足で歩くようなことはない。そして、それこそが最も能率的な生き方である」と言う。「礼儀にかなった言葉、作法の整った動作は、絵画、彫刻と同様に美しくて、しかも活動的活物である」と動的秩序を説く。

5、絶餐棄欲　明弁訴訟

どこでもいつでも紛諍の種は尽きない。〝やまとをみな〟は無私の態度で、つねに下の者、弱者の立場に立って公正にそれを捌く。

大妻コタカはつねに弱者の側に立つ。物言えぬ他者の心中を察し出来るかぎり手を差し伸べよと説く。ときに自己犠牲も厭わずそうせよと諭す。説諭するだけでなく自ら進んでその役を引き受けた。

6、懲悪勧善　諂詐佞媚

善悪・理非・曲直を正すのが〝やまとをみな〟である。諂ったり媚びたりしない。責任を下の者に押し付けたり、上の者を誇ったりしない。

大妻コタカほど理非曲直を匡すことに意を用いた人はいないと言ってよい。「不断の修養によって判断力を養い、事毎に判断して正しいと信じたことのためには、どこまでも耐え忍んで最後の勝利を得るという強さがなければならない」というのがその要訣である。

7、人各有任　賢哲得人

〝やまとをみな〟は人を見る目に狂いがない。人間はつねに成長するものであることを知っており、けっして賢人を見落とすことがない。適材適所、人の任用に過つことがない。

人にはみな持って生まれた使命・役割がある。それを全うするには「賢く」なければならない。それには「学問、知識を土台としてこれを真剣に受け入れ、日常生活の上に活かし、素直に実践に移していこうとする心構えが大事」と大妻コタカは説く。

8、早朝晏退　公事靡監

〝やまとをみな〟は率先してよく働く。仕事の積み残しや先送りをしない。斎整として業務に乱れがない。

この世を生きていく上で大事なことは、「いつも何かせずにはいられないという、生き生きした心持を続けていくことであり、する仕事がなくなったら、積極的に仕事を作って働く、そうして晴れ晴れとして喜びに満ちた自己を見出す、仕事の尊さはそこにある」が大妻コタカの「仕事哲学」である。彼女にとって「仕事」は「公事」なのである。

9、信是義本　毎事有信
相互の信頼関係がすべての基本である。〝やまとをみな〟は信を他の腹中に置く。

強い理想、高い希望、深い愛、にっこり微笑んで犠牲に甘んじる覚悟、幸福は感謝にありとの信念、生活の意味や役割はすべてそこに収斂するというのが大妻コタカの人生哲学である。人に頼らず、先ず自分で出来ないかを考え、惰性に慣れることなくつねに心を生き生きと活動させる、自分の心を引きちぎって出すかのようにつねに真実の言葉を吐く、「信頼」はそこが源境である、これがコタカの生活信条である。

10、絶忿棄瞋　還恐我失
〝やまとをみな〟の心はつねに平寧である。自己を相対化しすべての人を平等対等に見ることができる。人と賢愚を競うようなこともしない。深い自覚をもって、つねに過ちなきを期して反省を怠らない。

対人関係において自分の果たす役割に意識的であれ、何事も他者のせいにしたりせず自分の至らなさを反省せよ、虚栄や虚飾に足を踏み入れることなく、偉大な力を懼れ、天の声を聞き、自分の心の貧しさを悟る、そうして自ら愧じることのない真実の人となれ、これは大妻コタカの自戒の言葉である。

11、明察功過　賞罰必当

〝やまとをみな〟は功績・過誤を見逃さない。信賞必罰に過つことがない。

「ほんのさりげない言葉一つで、その日一日が明るくも暗くもなるのだとするならば、褒め合うことは生きた宝石、人生の宝」と大妻コタカは言う。「仕事に追われることなく仕事を追ってゆく前向きの姿勢」、「どんなむずかしい仕事にも体当たりしてゆける勇気」、それが「社会を向上させ、人類を幸福にさせ、自分自身をも幸福にする」とコタカは説く。虚栄や虚飾に足を踏み入れることなく、毀誉褒貶に囚われることなく、∧仕事の報酬は仕事だ∨との信念をもって、人類文化に対し、新機軸を生み出し、進歩と発展、飛躍と創造をもたらす。大妻コタカの「信賞必罰」論はつねに自己へと回帰する。

12、勿斂百姓　国非二君

〝やまとをみな〟は配下の者に対して妄りに権力を揮うようなことはしない。権力の拠ってくる由縁は下から寄せられる信頼であることをよく弁えている。人材は天下の預かりものであることをよく知っている。

大妻コタカの権力観（リーダーシップ論）は次の言葉に要約される。「宇宙万物すべてに対して慈悲愛護の精神を以て、濫りに犠牲にすることなく、よくそれぞれの使命を果たさせるようにせねばならない」、「真実の交際は、お互いに立派に独立した個体と個体の接触の上に、お互いの個性を尊重し合う者の交際でなければならぬ」。それは次のコタカの国家観に通じる。「お互いに質実と創造の精神を養って一歩一歩国運の発展に努力し、協力同心、強い国民的団結を結ぶと同時に、広く各国民との情義にも、四海同胞の実を挙げねばならない」。自由平等、協力同心、四海同胞、ここには苛斂誅求、権力専横はその影すらない。

13、同知職掌　和如曾識

〝やまとをみな〟は何事にも主体的責任感をもって取り組む。「それは私には関係ない」などとはけっして言わない。他者の仕事にもよく通じた円満具足の人である。

「仕事」はみな繋がっている。すべては恩義の連鎖で結ばれている。それを大妻良馬は次のように言う。もちろんコタカも同意見である。「凡そ、個人は社会の要素であって、有機的関係の中にあって極めて大切な任務を担っている、また社会全体から種々様々の方面において保護と恩恵を受けている。個人はまた社会に位置することによって個人の力以上の力を有する。こうして各人が密接不可分な社会的意識の下に生活するに到れば、きわめて強い生活となる。だから人は社会に対して報謝しなければならぬ。恩義に報いる道は種々様々であるが、これを総括して最も重要なものは職業に精通することである。価値ある生活のためには、自己の職業に全力を傾注し、不断の努力を続け、その能率を増進させねばならぬ。職業を通じて社会の恩に報いる、これが第一義の報恩である」。「仕事」の原理は共通である。一事に通じれば万事に達することができる。したがって「仕事の達人」はどんな「仕事」であっても前から知っていたかの如く平然とそれをこなすことができる。大妻コタかは言う「人の嫌がる仕事は先ず自分でやり、その有言実行の中から人間学を学び取ることをモットーとしてやってきた」と。

14、無有嫉妬　智勝才優

〝やまとをみな〟は嫉妬とは無縁である。ひと・われともに才智を尊び悦ぶことにおいて間然するところがない。

一途に仕事に打ち込んでさえいるなら、人はくだらぬ嫉妬などに心を煩わしている暇などない。だからと言って〝やまとをみな〟はエリート主義的自己肥大化に陥ることも平静広闊な心を失うこともない。心に一点の疚しさもなく自らの信念を貫いて生きて行く。たとえ狂と言われ、賊と呼ばれようと何ら意に介すなと大妻コタカは言う。むしろかえって〝やまとをみな〟は、自ら進んで「狂」の役を引き受けることで旧套を揺るがし、「賊」を演じることで惰性を打ち砕くこともする。

15、背私向公　上下和諧

〝やまとをみな〟には私心がない。けっして恨（憾）んだりしない。制法を守って公正無私である。何よりも全体の諧和を重んじる。

「忘私奉公」「忘己利他」「背私向公」は大妻良馬の信念である。「私」はあるがそれは自己超越努力によって「公」へと抱越されている。そこには「ますらをぶり」の諦念がある。大妻コタカの場合は「私」は初めから∧無の場所∨として「公」を包摂している。そこには「たをやめぶり」の愛憐がある。自己供犠が彼女の信念である。そこではコタカ自身が「観音の化身」（∧無の場所∨）そのものと化す。そこは、観音の慈悲によって遍く覆われた絶対諧和の世界である。かくして、〝やまとをみな〟にはどこか「ますらをぶり」の諦念が揺曳することとなる。良馬・コタカの両人が生涯和諧のうちにあったのはこの「ますらをぶり」と「たをやめぶり」とが通奏低音のごとく響応し合っていたからであろう。

16、使民以時　古之良典

〝やまとをみな〟はよく時節を弁え、物事を処理するに時宜を得ている。何よりも全体の福利を優先する。

効率的に仕事をするには、ヒト・モノ・カネに加えて時間という資源の有効配分が欠かせない。それは家政を宰領する「良妻賢母」が最も得意とするところである。しかも、その資源配分に当たっては家族の福利向上が最優先で考慮されるべきと大妻コタカは言う。〝やまとをみな〟は「良妻賢母」である。

17、不可独断　与衆相弁

〝やまとをみな〟は独断専行しない。重要な事案ほどよく他の意見を聴く。物事はすべて繋がっている。全体調和の中で物事は推移する。したがって物事を処理するには、その繋がりや調和への配慮、他との緊密なコミュニケーション、周到な洞察力が求められる。「ほとんど慣れっこになり無反省になっている、それぞれの人間関係において自分の果たす役割に、唯まことひとつで、うっかりしない努力をつづけていくこと」が大事と大妻コタカは言う。機械論パラダイムに代えて生命論パラダイムが求められる所以である。「衆とともに相弁ずる」のがそのパラダイムの要諦である。

聖徳太子の『冠位十二階』(大徳・小徳、大仁・小仁、大礼・小礼、大信・小信、大義・小義、大智・小智)は、もとより個人にあたえられるものであって、個人的功績によって、だんだん上の冠位に昇進しうるものなのである。ここで評価されるのはその人の生まれた身分ではなく、その人の能力であり、人格である」(梅原:前掲書)。まさに『冠位十二階』は氏素性、門閥、出自にとらわれない、実力主義の律令体制を支えるシンボル体系であった。

このようにヴィジュアライズされたシンボルであってはじめて人はそれへ向かってチャレンジすることができる。現代企業では職階制度や資格制度などの位階秩序体系がその役割を果たしている。

なお、業務遂行単位ごとに大小様々なクラスターやプロジェクトチーム、グループなどを組成するクラスター型サテライト図式（前掲）では、そのような位階秩序体系は存在しない。すべては同一平面上に配備された役割体系があるだけである。それを表徴するに相応しいのは、〝生命論パラダイム〟に依拠する包摂・統握的ネットワーク秩序それ自体である。そして、それぞれのメンバーを結びつけるのは、対等にやり取りされる知識・情報、それをもってする互いの奉仕・貢献、ただそれだけである。そこには権力行使的な上下関係が介入してくる余地はいっさいない。すべてはすべてと結びつき、すべてがすべてと相互反照し合う相関関係、いわば『華厳経』に言う「重々帝網」があるばかりである。

〝やまとをみな〟の本領はそこにある。互いが互いを映し合う「輝き」によって、組織場全体を「重々帝網」的に輝かせるのである。ネットワーク全体の相互映発的「輝き」がそこに生まれる。

# 第六章　フェミニン・リーダーシップ

いまの世の中には〝機械論パラダイム〟に立脚する「マスキュリン・リーダーシップ」論はいわば汗牛充棟であるが、残念ながら〝生命論パラダイム〟に基づく「フェミニン・リーダーシップ」論にはなかなかお目にかかれない。本章では、「フェミニン・リーダー」はこうあって欲しいという願いも込めて、聖徳太子「憲法十七条」にあやかって十七項目に整理して考えてみることとする。

## 1、∧状況存在∨として

フェミニン・リーダーは∧状況存在∨として、（1）状況を味方につけ、（2）状況を適切に選択し、（3）それでいて自身の立ち位置や生きる構えを崩すことがない。その相関を図解すれば次ページ［図16］のようになる。

### （1）アフォーダンス（状況を味方につける）

人は状況にアフォードされて行動する。たとえば「歩く」という基本動作においてすら、人は地球の重力や、大地との接触面での抵抗や、身体バランス感覚など、様々な状況因子に支えられ、それを利用することでそれが可能となるのである。仕事でも同じである。状況に適応してはじめて事は進展し成就する。仮りに抵抗や障害と思われる状況の下にあっても逆にそれを味方にし巧みに利用するからこそ、かえってそれにアフォードされて事は成るのである。水の流れに逆らわず、流れに沿って泳いでこそ労少なくして早く目標地点に到達することができる。予め設計された方式・構図に沿って行動しがちなマスキュリン・リーダよりも、柔軟な状況適応の訓練を幼少のころから学習してきたフェミニン・リーダーの方がそれは巧みである。

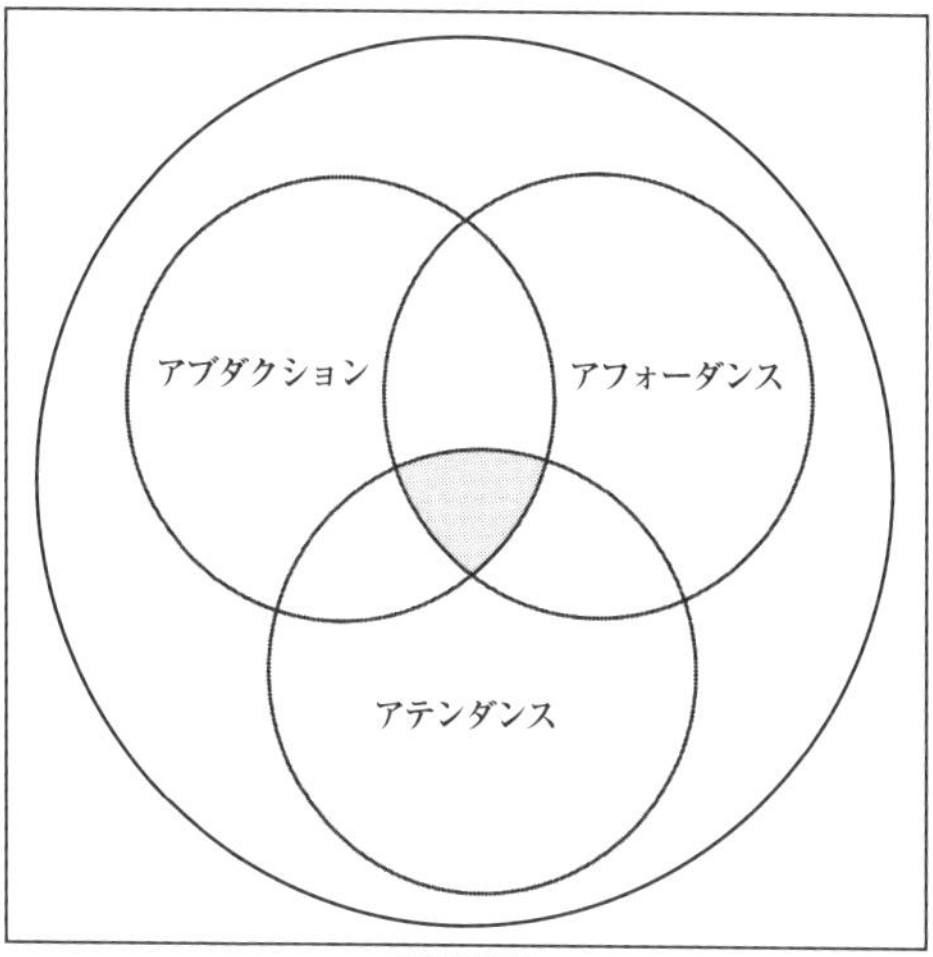


［図16］

### （2）アブダクション（状況を適切に選択する）

状況にただ流されてはならない。それでは優柔不断と変わらない。状況適応には状況選択という意志的判断、ときには思い切った決断が要る。それができるリーダーにこそメンバーの信望が集まる。日常業務においても計算合理的な論理構成にしたがって事が進められるような局面はむしろ少ない。視点を定め、仮説を立て、予測し、自分のもつ資質・力量と相談しながら、人は責任ある行動へと一歩を踏み出すのである。その仮説定言的選択行動のことをアブダクションと言う。日常の仕事局面ではそれが普通である。計算合理的論理構成に長けたマスキュリン・リーダーより、平素から「きっぱりとした潔さ」を信条（身上）として生きているフェミニン・リーダーの方が仮説定言的選択行動にはより適合的である。

### （3）アテンダンス（立ち位置、生きる構えを崩さない）

アフォーダンス（状況適応）、アブダクション（状況選択）にばかりかまけて「自分」を見失うようなことがあってはならない。しかし、「自分とは何か」それ自体が不分明な人間にとって、どうすれば「自己喪失」から免れることが可能だろうか。人間にできることは、少なくとも他者から見られ聞かれて「恥ずかしくない」よう、あるいは「らしくある」よう、自らの振舞いを自己反照的に「匡す」ことだけである。すなわち、自身の「立ち位置」「生きる構え」を崩さないことである。そこには身体総合美学、生活総合美学がある。目的のためなら我武者羅に「なりふり構わぬ」マスキュリン・リーダーよりも、化粧や身装・身飾によって平素から自己訓練を怠らないフェミニン・リーダーの方がこの面では一日の長がある。

## 2、＜生成存在＞として

人が集まって何事かを企てるには「場」が必要であるが、「場」はつねに生成変化している。リーダーの役割は、その「場」の創発的活性（エマージェンス）を不断に賦活しつつ、そこに「協働」を組成し（シナジェティクス）、「場」に恒常的安定をもたらすことである（ホメオスタシス）。しかも、それは他律的強制的にではなく、自立共生的（自己組織的）になされねばならない。図解すれば［図17］のようになる。

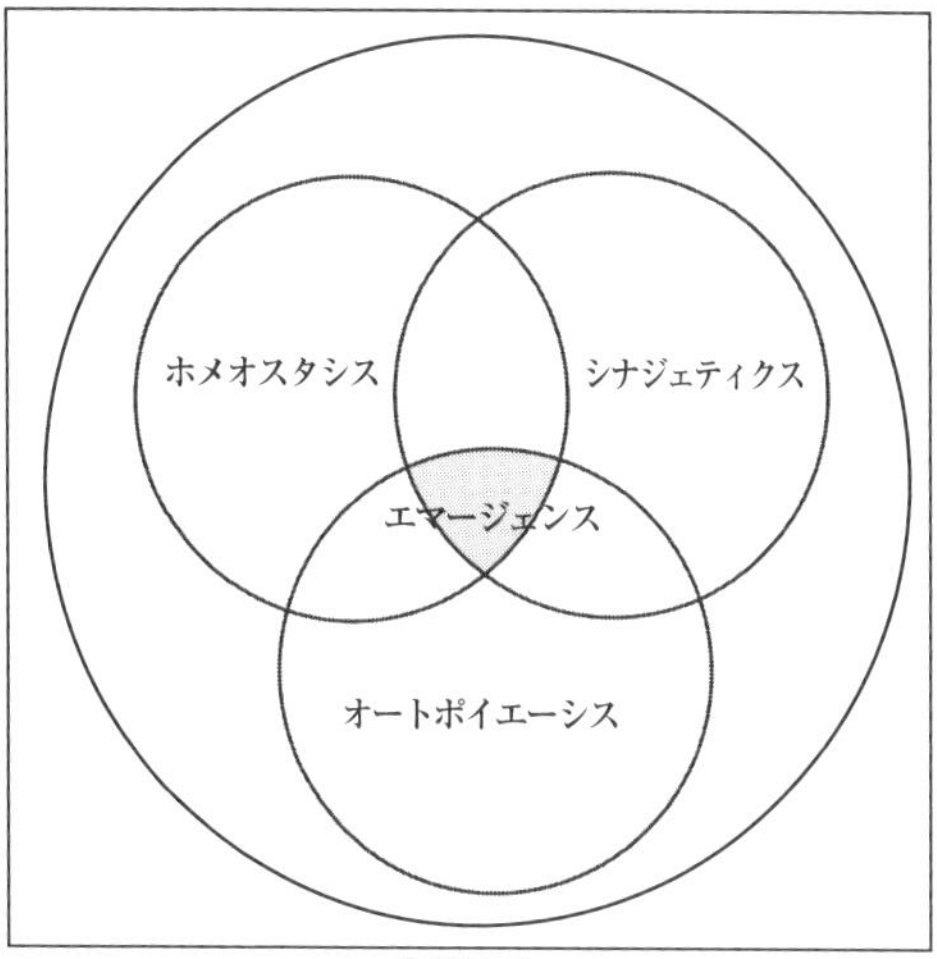


［図17］

### （4）エマージェンス（創発的意欲を喚起する）

創発的活性とは端的に言って「やる気」である。リーダーの仕事とは、「やる気」を喚起し、組織を創発的自己組織体へと編成することである。では、どうすればそれが可能か。一言で云って、主体的参画の場と機会をメンバー全員にできるだけ幅広く提供することである。具体的には、組織編成面では、チーム、グループ、クラスターなどの単位組織が自主的・自律的に業務処理ができるよう権限移譲することであり、組織管理面ではそれらを横断的にネットワークする各種委員会などが自己チェック機能を果たせるような仕組みを全社的に作り込むことである。問題は、その創発的意欲の自己組織体へと糾合されることなく、そこからはみ出す分子をどう処遇するかである。排除や切り捨てではリーダーの役は勤まらない。むしろ、それを組織の創発的活性として活かす懐の深さが求められる。「切り捨て御免」のマスキュリニティ（父性性）ではなく「無限抱擁」のフェミニティ（母性性）が求められる局面である。ここは母性性に充たされたフェミニン・リーダーの出番である。

**（5）シナジェティクス（協働を組成する）**

「やる気」に充ちたメンバーが進んで協働を組成するよう仕向けるのがリーダーの仕事である。それには組織のミッションは何か、自分らが向かうのは何処か、それは自分らの力量や世間からの期待などと整合的か、などについてメンバーの納得が得られ、大凡についての合意形成がなくてはならない。シナジェティクスとはメンバー間だけでなく、組織を取り巻く諸条件（自然的環境、社会的環境を含む）との共鳴、共振のことである。リーダーにはそのための広い視野・共感力が求められる。深く宇宙リズムと共振する生命体験を生きるフェミニン・リーダーはその共鳴・共感力に富んでいる。

**（6）ホメオスタシス（組織の恒常性を維持する）**

マネジメントの根本は経営という「場」のホメオスタシス（恒常的安定性）をいかに保持するかで

ある。「場」において日常的に発生するさまざまな〝ゆらぎ〟を組織的に吸収し、それを「場」のホメオスタシス保持に役立てるよう生産的に活かすのがマネジメントである。それには、育てるべき〝ゆらぎ〟か、散逸させるべき〝ゆらぎ〟か、の本質を瞬間的に見極めることのできる才覚が求められる。何よりも大切なのは共鳴・共振力に裏付けられたバランス感覚である。フェミニン・リーダーはその才覚・感覚を生得的に豊かに具えている。当人自身が精神的・情緒的に平寧なホメオズタシス存在である。

**(7) オートポイエーシス(自己組織化の活性を賦活する)**

エマージェントな活性を賦活し、シナジェティックな協働を組成し、ホメオスタティックな安定性を保持するにはそれなりの組織的工夫が要る。もともと組織が具えているオートポイエーシス(自己組織化、自己秩序化)という特性を活かす工夫である。それには後に述べるように「場」のエネルギーを糾合する「中核価値」が明確に提示される必要があるが、それ以前に根源的に求められるのがメンバーの組織への忠誠心(創発的意欲)である。それには、組織の健常性、つまり、人事の透明性、組織の倫理性、リーダー人格の高潔性、などが問われる。差別や偏見、非難や中傷、嫉みや蟠り、そのような陰湿な組織風土からは遠く離れた組織であってはじめて純正な忠誠心を全員から獲得することができる。フェミニン・リーダーは汚された組織文化からは無縁のところにいる。

## 3、〈結束存在〉として

事業経営の現場は日々が集団競技の試合に臨むようなものである。試合に負けないためには何よりもチームワークが大事である。チームワークを調達するにはコヒーレンス（組織運営上での首尾一貫性）がなければならない。つまり、それまでに辿って来た経路を適正に踏まえつつ（ヒステリシス）、つど際会する偶発事象に対する経路選択を過たない（セレクター）ことである。それには全体を糾合する中核価値がメンバー全員によって納得をもって受け入れられている必要がある（ストレンジ・アトラクター）。その相関を図解すれば［図18］のようになる。

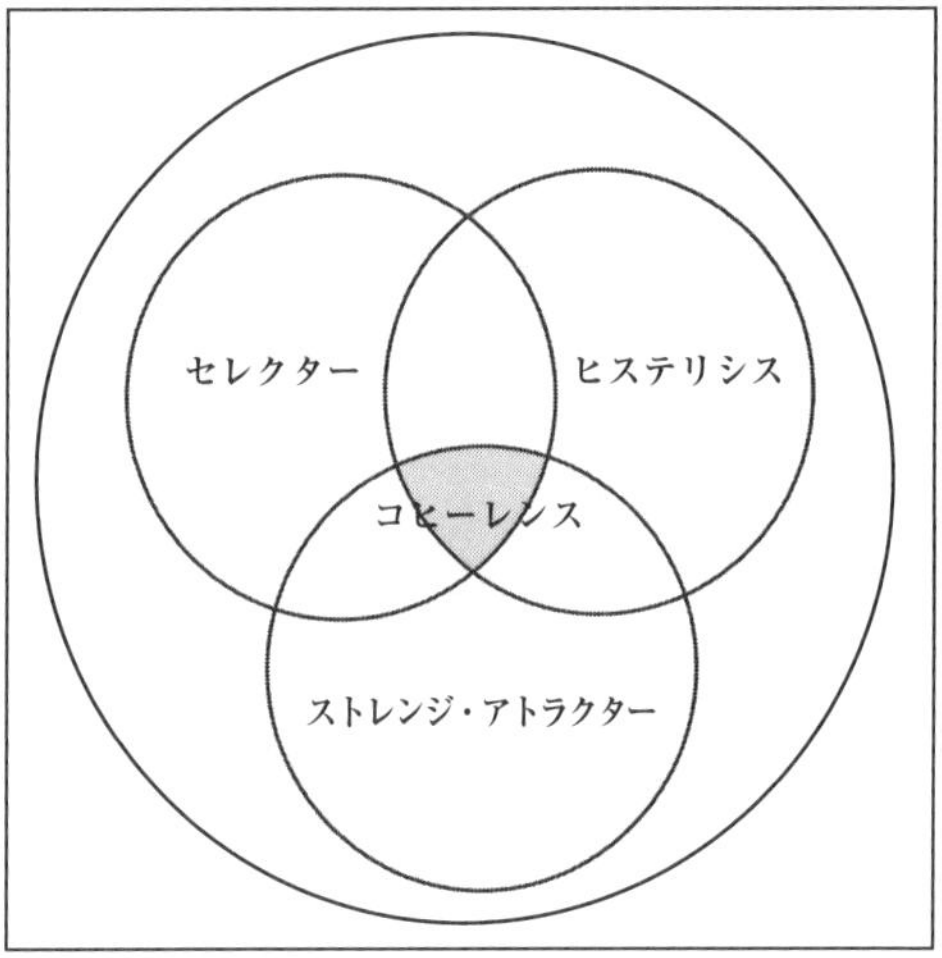

［図18］

### （8）コヒーレンス（首尾一貫性によって人心を束ねる）

人心が一つに結束された組織は首尾一貫性を具えていて強靭である（「関係性」の側面）。逆も言える。組織運営に首尾一貫性があってはじめて人心を一つに束ねることができる（「自立性」の側面）。組織は二重の意味で「関係的自立」存在である。つまり、メンバーそれぞれが組織に対して「自立的関係」存在であり、同時に、組織それ自身がメンバーに対して「関係的自立」存在なのである。組織とメンバーの間は、互いに「自立性」を尊重しつつ互いの「関係性」を円満に保持し合うコヒーレント（ピッタリと寄り添うよう）な間柄にある。そこにはもともとパラドクスが伏在している（時にそれが表出する）が、それをつど修復しながら「場」にコヒーレントな秩序をもたらすのがフェミニン・リーダーの最も得意とする役割である。

**（9）ヒステリシス（それまでの経路を大事にする）**

首尾一貫性とは組織が経路依存性（ヒステリシス）をもつことの謂いである。それまでに辿って来た経路履歴を踏まえつつそれに則ることとて次の経路選択を過たず、そのプロセスを積み重ねる中でさらに豊かで強靭な経路履歴性を育てていく、というのがヒステリシスが含意する組織運営の要訣である。それは成り行き任せとは違う。履歴経路のなかで組織自体が経路選択の知恵を学習するのである。その組織学習が組織文化として継承されていくことが大事である。創発的自励発展の機運を組織の隅々（成員メンバーの心の奥底）にまで行き渡らせるのである。それは子どもの養育・教育に通じる。マスキュリン・リーダーよりもフェミニン・リーダーの方はその機微に通暁している。

**（10）セレクター（率先して困難を引き受ける）**

人は目立つところでなら進んで仕事をするが、直ぐには成果に結びつかないような、ただ空隙を埋めるだけのような、地味な仕事は避けたがる。リーダー一般も忙しさにかまけてそういう仕事は後回しにしがちである。しかし、フェミニン・リーダーは違う。率先して困難に立ち向かうだけでなく、目に見えないところでも心を籠めて仕事をする。ただ空隙を埋めるだけのような、必要ではあっても目立たない単純な仕事でも黙って引き受ける。状況を選択する（セレクター）とは、自分が状況から選択されることだということを知っているのである。そこには奉仕、贈与、自己犠牲の精神がある。

**(11) ストレンジ・アトラクター（理念的中心を把持する）**

前記したが、人心の糾合には組織が目指す中核価値が明確に提示される必要がある。組織全体が担うミッションもそれであるが、自分が所属する部署、自分が担当する仕事についても同じである。それは固着した不動定点などではない。状況変化から切り離された超越価値などではさらさらない。状況、部署に応じ柔軟に身を変じる変幻性（ストレンジ）がその特徴である。作為的に設定されただけの組織目標に自己拘束（自己疎外）されるところに組織不祥事（疎外現象）が胚胎する。フェミニン・リーダーは一切の疎外現象と無縁である。自身がつねにストレンジ空間におけるアトラクターだからである。居て欲しいときにいつもそこに居てくれる頼もしい魅力的中心だからである。

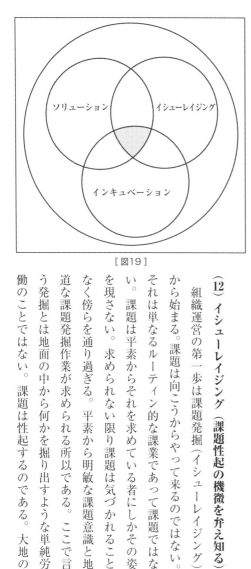

## 4、〈創発存在〉として

組織が生き延びるために究極的に目指されるべきは組織の創発的活性である。自ら課題を発掘し（イシューレイジング）、自ら解決の方途を見つけ出して実践し（ソリューション）、そのプロセスを通して、いま自身にとって何が課題かを明確に把握するなかで次なる新たな事業機会を創出する（インキュベーション）、これがその内実である。その相関を図解すれば［図19］のようになる。

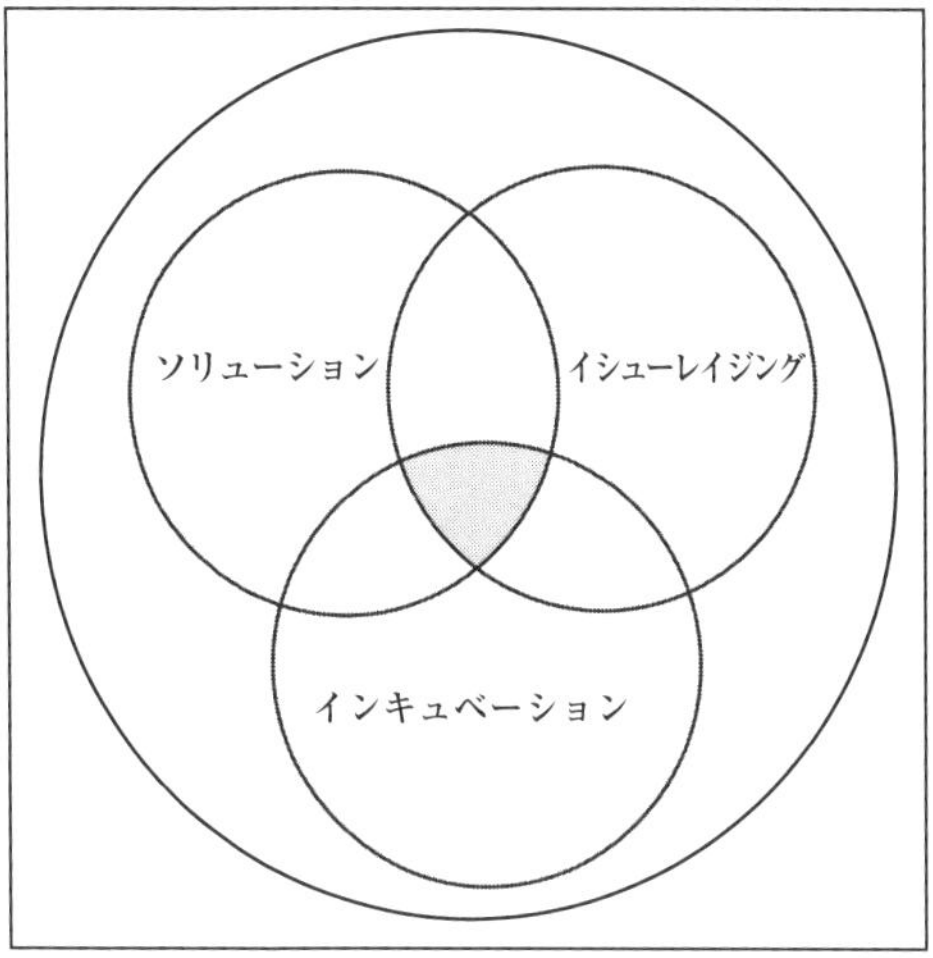


［図19］

### (12) イシューレイジング（課題性起の機微を弁え知る）

組織運営の第一歩は課題発掘（イシューレイジング）から始まる。課題は向こうからやって来るのではない。それは単なるルーティン的な課業であって課題ではない。課題は平素からそれを求めている者にしかその姿を現さない。求められない限り課題は気づかれることなく傍らを通り過ぎる。平素から明敏な課題意識と地道な課題発掘作業が求められる所以である。ここで言う発掘とは地面の中から何かを掘り出すような単純労働のことではない。課題は性起するのである。大地の底が胚胎する課題を性起させることがイシューレイジングの真の意味である。大地の底（暗黙次元）を裂開させて、それを新たな次元（明示次元）へもたらすのは単なる力業ではない。そこにはあたかも鶏と卵の間のような啐啄同時の機微がある。フェミニン・リーダーはその機微に通じている。

**（13）ソリューション（課題解決の手はずを整える）**

組織とはイシューが渦巻く課題空間である。課題は所管部署ごとにその解決能力に応じて、緊急性と重要性をもとに、優先順位をつけて適切に配当されねばならない。それができてはじめて課題空間は成員メンバーの学習能力と組織の課題解決力とが平仄を合わせて共進化することができる秩序空間となる。つまり、ソリューションとは「学習する組織づくり」を通して組織とメンバーとを不断に共進化させる日常的営為なのである。事大主義的に肩肘怒らせて目の前の課題と格闘するのがソリューションなのではない。ソリューションにとってはマスキュリン・リーダーシップよりはフェミニン・リーダーシップの方がより親和的である。

**（14）インキュベーション（創業の気風を組織に行き渡らせる）**

組織学習・組織進化のなかで、組織は自らを新たな次元へと進化させ、相転移的な自己変容を遂げつつ日々新たな自己を創出する。自己自身を自己課題化する（自己とは何かを自問する）なかで組織は新たな事業機会を次々にインキュベートしていく。組織全体に創業の気風（アントレプレナーシップ）を漲らせ、組織内外で新たな起業家を生み出す。そのためには組織が自己産出するエントロピーまでもが経営資源として活かされる。組織内に自生する情報勾配の平準化作用がその活性を補完する。この世に無駄なものは存在せず、すべては意味・価値あるかけがえない存在だとする「摂取不捨」の思念を生きるフェミニン・リーダーにしてよくそれを為し得る。

## 5、〈統摂存在〉として

組織が統摂（上からの一方向的な「統率」ではない）された秩序体（自己組織体）であるためには、組織運営の各面において管理性能（マネジャビリティ）、統治性能（ガバナビリティ）、統御性能（リーダーシップ）がバランスよく機能していなければならない。その相関を図解すれば［図20］ようになる。

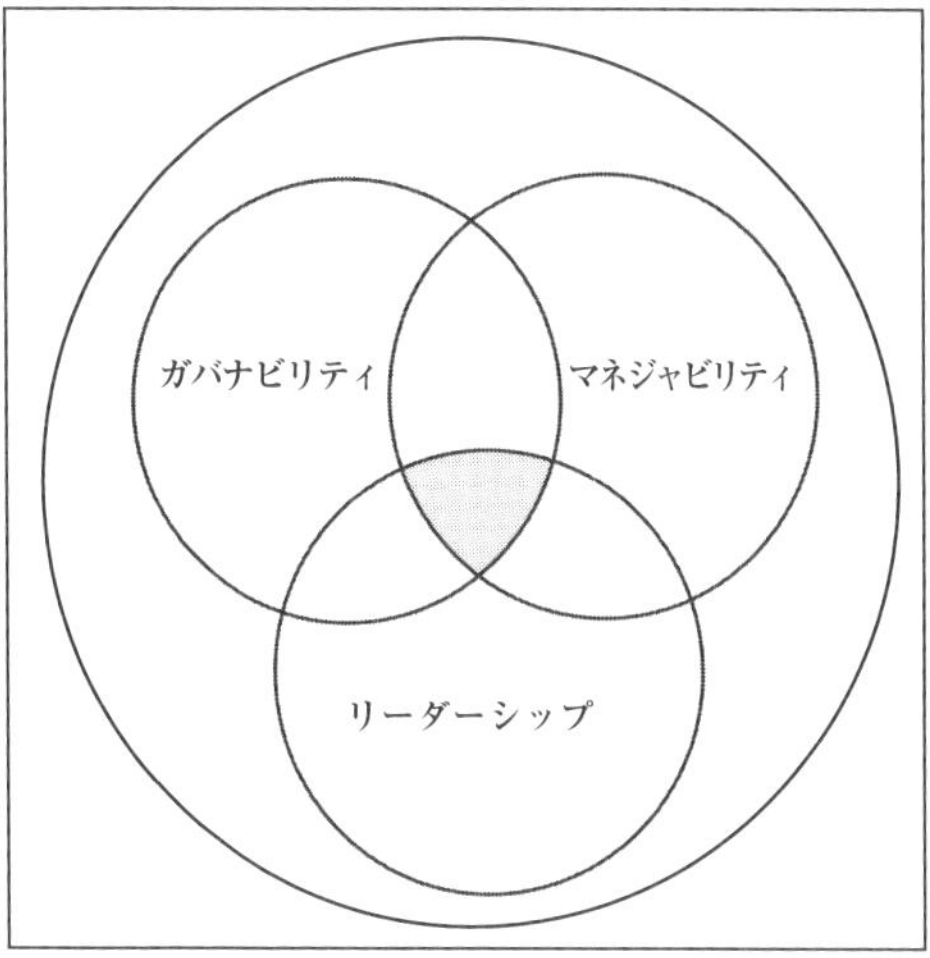


［図20］

### (15) マネジャビリティ（管理性能を賦活する）

マネジメントとはメンバーの協働意欲を醸成し、あらゆる機会を用いてそれを喚起・賦活する組織的営為のことである。一方では、それが行き過ぎることで組織が逸脱や暴走を起こすことがないよう見張るのもその役割である。管理性能（マネジャビリティ）が適切に働いているとの信頼に支えられてはじめてメンバーは安んじて存分に自分の力能を発揮することができる。マネジメントとメンバーとは上下、支配被支配の相対関係にあるのではなく、協働、和合共生の相即関係にあることの共同認識を全員がもつことが大事である。フェミニン・リーダーは本来的にその和合共生を生きている。

## (16) ガバナビリティ（統治性能を発揮する）

経営にとって大事なのは組織の「統治」性能（ガバナビリティ）である。組織メンバーの協働意欲を組織の共通目標に向けて束ねることである。当然そこには逸脱現象もあれば、環境条件の変化によっては尋常ではない暴走現象が発生することもある。それらの逸脱や暴走をあるべき軌道へと修正するのも、その逸脱や暴走のエネルギーを組織活性化のエネルギーとして活かすのもガバナビリティの重要な働きである。そういう意味では、ガバナビリティはマネジャビリティを包摂すると解してよい。組織にはときに「統制」機能が求められることもある。たとえば組織が何らかの理由で混乱し、このままでは衰退ないしは崩壊する惧れがある場合などがそれである。そのときは権力行使的な「統制」機能の発揮が求められる。しかしそれは、通常の組織活動にとっては例外的状況であって普段はそのことに気を取られる必要はない。フェミニン・リーダーは「統治」と「統摂」の差異を的確に認識している。

## (17)リーダーシップ(相互学習、相互理解、相互支援、相互信頼を醸成する)

リーダーは管理者として守るべき枠組みの中で自らを厳しく律しつつメンバーとの平常な心的交流を把持し続けねばならない。一方では、メンバーとの交わりを自然体に保ちつつ管理者としてなすべき仕事を間然するところなく遂行せねばならない。そこにはパラドクスがある。パラドクスを解くにはそこに正しく住み込むしかない。大事なのは∧相互学習・相互理解・相互支援・相互信頼∨を組成する(リーダーとメンバー間の)協働作業である。両者間の適正な距離の取り方である。もともとパラドクス存在として、矛盾するもの間を調停することに習熟しているフェミニン・リーダーはそれが巧みである。

リーダーシップの働きには二つの側面がある。一つは、状況を読み、状況を創出する働きである(相互支援、相互信頼が主として関わる領分である)。いま一つは、状況を選択するに当たってメンバーの道徳的意識を高めそれを組織の倫理的目標に効果的に繋ぐ働きである(相互学習、相互理解が主として関わる領分である)。また、リーダーシップには二つの型がある。一つは、統帥型リーダーシップであり、いま一つは、参謀型リーダーシップである。前者は組織の危機的状況への対応局面に求められるリーダーシップであり、後者は組織の恒常的発展過程に相応しいリーダーシップである。いずれの場合でもそこに求められるのはリーダーの人格に対するメンバーの信望である。

組織にあって人は二つの人格を重合的に生きている。一つは、組織の中で一定の役割を担う機能的人格であり、いま一つは、組織を離れてもなお自存する個人的人格である。この二つが一人格において統合されたリーダーにしてはじめてメンバーの信望を獲得し、メンバーを全人格的に掌握することができる。

上記した、二つの側面、二つの型、二つの人格を一身において抱握的に自己統御できているのがフェミニン・リーダーである。

組織理論を根底で支える枠組（パラダイム）には二つある。一つは、機械論パラダイムであり、いま一つは、生命論パラダイムである。前者は、全体は要素に還元可能であり、要素の特性を調べてそれを再集計すれば元の全体について十全な理解を得ることができるという要素還元主義に立脚する。これは、規格品の機械的大量生産工程や、指揮命令系統の乱れがいっさい許されない軍隊などでは有効なパラダイムであるが、生きた人間の協働体系である企業組織の運営ではそれに代えて、後者の生命論パラダイムに拠るしかない。それは、全体はつねに生成変化するトータルな流れであって、抱握的なプロセスとして捉えるしかないとするホーリスティックな視点に立つ。日本的リーダーシップが準拠するのがこれである。すべては成るべくして成る、作為的介入はなるべく最小限にとどめて、状況変化に柔軟迅速に適応していくよう導くのが最高のリーダーシップだとする理解がそこにある。

肩肘の力を抜いて、自然体のまま、自然に随順して自然と自己が一つになる境位、法然・

親鸞の「自然法爾」、道元の「仏となる」がそれである。そこにあるのは「内面化された自然」である。これは時代を問わず東西を問わず通用する世界普遍的思想である。

フェミニン・リーダーシップはこの日本的リーダーシップ論（それは世界に通用する普遍的思想でもある）の真髄を体現する。

## 【補注5】『観音経』について

〝やまとをみな〟の仕事ぶりの根底には、われわれの日常を貫く「宇宙摂理」（自然原理）への揺るぎない信倚がある。大妻コタカの場合それは『観音経』であった。

『観音経』の概略をまとめれば次ページ［図21］のようになる。（基本の構図は上記の本文と平仄《ひょうそく》を合わせてある）。

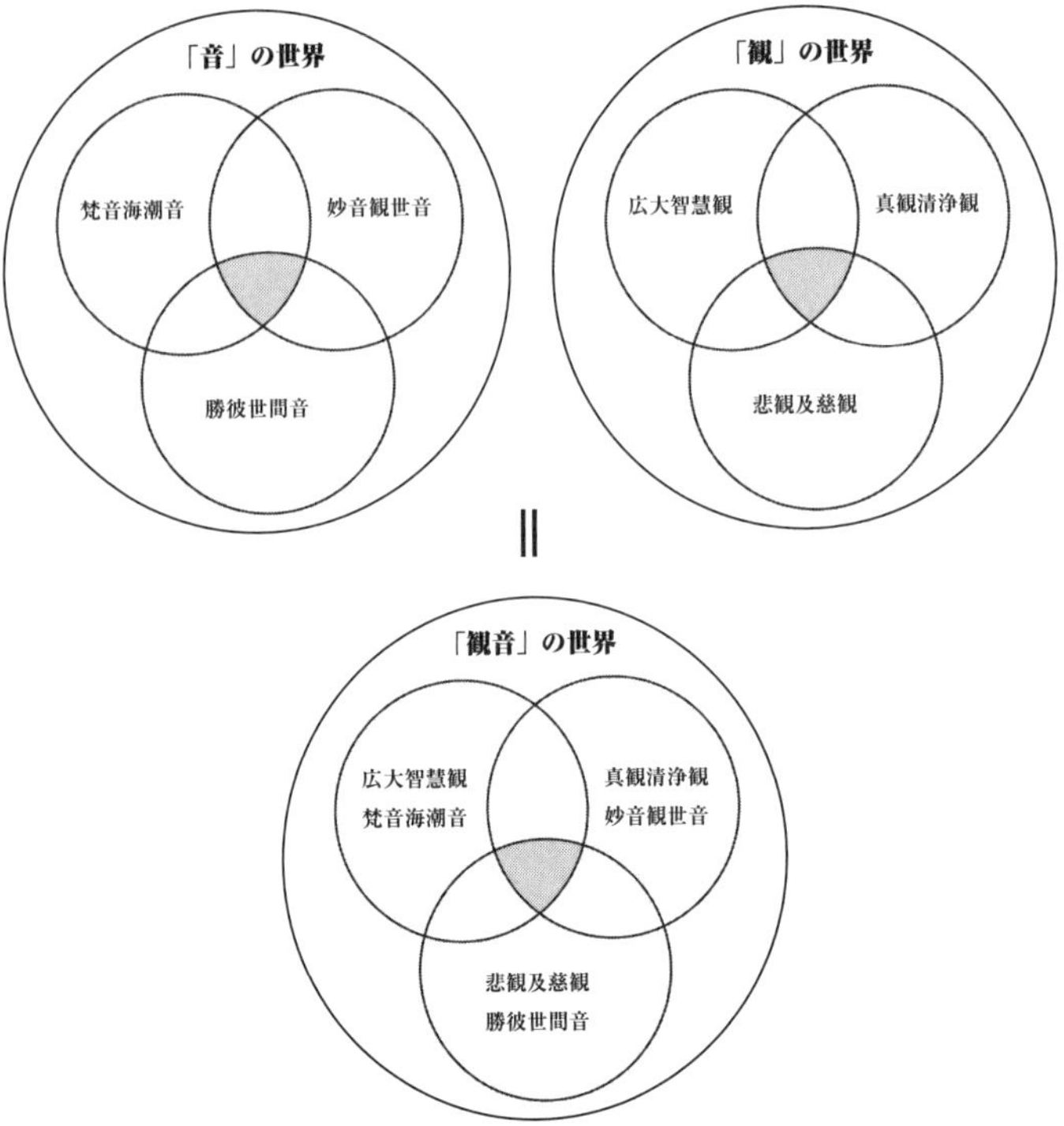


「真観清浄観・妙音観世音」

観音の真実を見通す眼は清浄であり、その妙なる眼は世界の隅々まで視《みそなわ》す。宇宙摂理はこの世に貫徹している。

「広大智慧観・梵音海調音」

その智慧は無辺無量であり、その清らかなハタラキは海潮のように宇宙に轟いている。宇宙摂理の働きは広大無辺である。

「悲観及慈観・勝彼世間音」

その慈悲の心は勝れて広く世間に充ち満ちている。宇宙摂理は世態人情のすべてに生きている。

［図21］

観音はつねにわれわれとともにあり、観音によってわれわれはつねに・すでに救われている。われわれはただその「観音力」を念ずればよい。その功徳は次の誦（［図22］）に尽くされている。

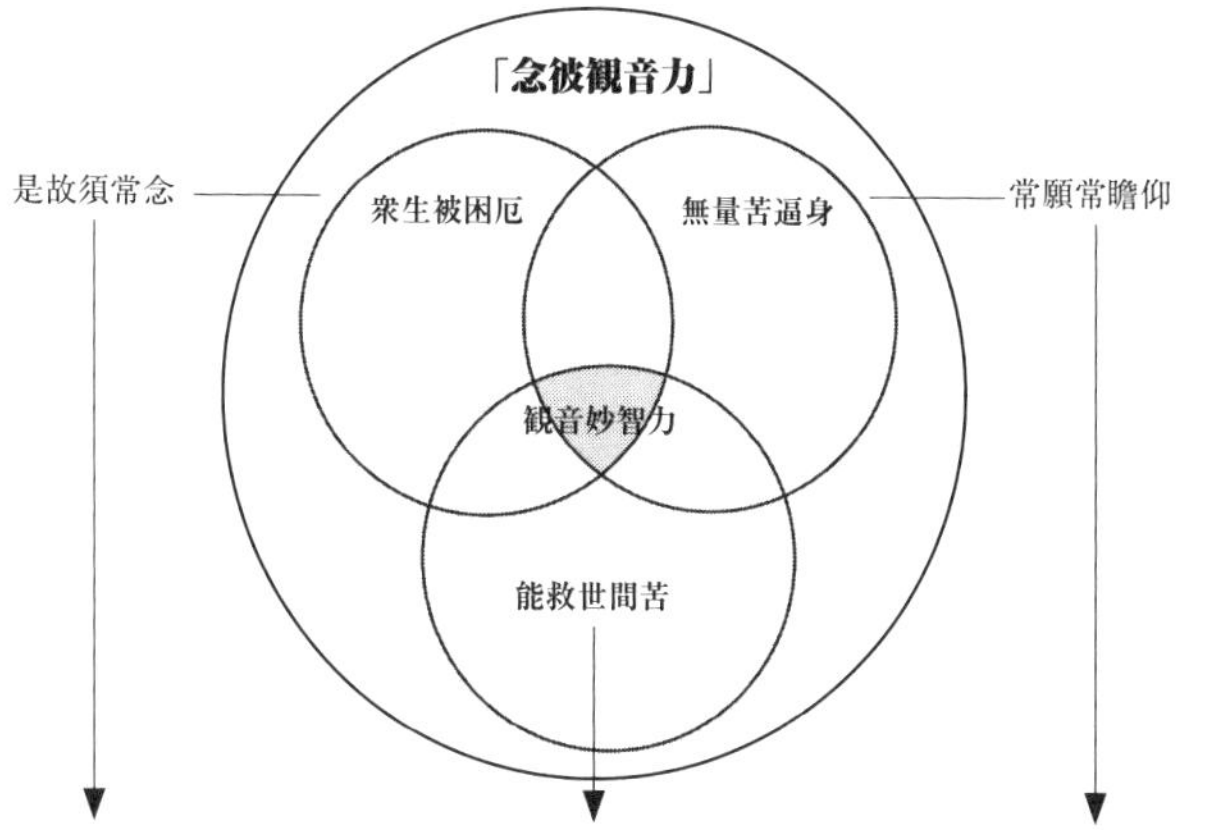


| | | |
|---|---|---|
| 念々勿生疑 | 具足神通力 | 無垢清浄光 |
| 観世音清聖 | 廣修智方便 | 慧日破諸闇 |
| 於苦悩死厄 | 十方諸国土 | 能伏災風火 |
| 能為作依怙 | 無刹不現身 | 普明照世間 |
| 具一切功徳 | 種々諸悪趣 | 悲体戒雷震 |
| 慈眼視衆生 | 地獄鬼畜生 | 慈意妙大雲 |
| 福聚海無量 | 生老病死苦 | 澍甘露法雨 |
| 是故応頂礼 | 以漸悉令滅 | 滅除煩悩焔 |

矢印以下のところを読み下す。

| | | |
|---|---|---|
| 衆生被困厄 | 観音妙智力 | 無量苦逼身 |
| この故に須く常に念ずべし。 | 能く世間の苦を救わん。 | 常に願い常に瞻仰るべし。 |
| ↓ | ↓ | ↓ |
| 念念に疑いを生ずること勿れ | 神通力を具足して | 無垢清浄の光ある |
| 観世音の浄聖は | 広く智の方便を修して | 慧日は諸の暗を破り |
| 苦悩と死厄において | 十方の諸の国土に | 能く災の風と火を伏して |
| 為めに依怙と作らん。 | 刹として身を現わさざること無けん。 | 普く明に世間を照すなり。 |
| 一切の功徳を具して | 種々の諸の悪趣と | 悲の体たる戒は雷の震うがごとく |
| 慈眼を以て衆生を視す | 地獄・鬼・畜生と | 慈みの意は妙なる大雲のごとし |
| 福の聚れる海は無量なり | 生老病死との苦も | 甘露の法雨を澍びて |
| この故に応に頂礼すべし。 | 以て漸く悉く滅せしめん。 | 煩悩の焔を滅除す。 |

［図22］

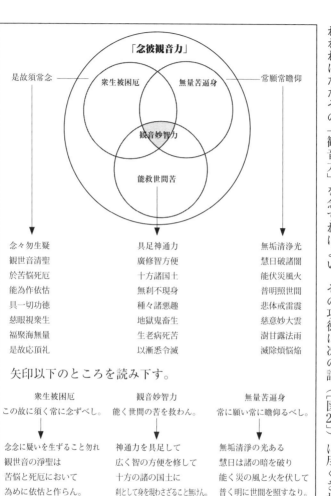

全体を意訳すれば次のようになる。

「無量の苦が人身に逼ろうが、常に観音を願い瞻仰するならその観音妙智力によって解脱される。衆生が蒙る諸々の困厄も、常に観音を念ずることでその観音妙智力によって直ちに度脱される。このように、観音妙智力は、その神通力を以て能く世間苦を救う」。

「念彼観音力。ただひたすら彼の観音妙智力を念ぜよ。困厄に遭えば観音を念ぜよ。無量の苦が身に逼るときは観音を瞻仰するがよい。無量の福寿が聚まるであろう。浄福かぎりなく煩悩は滅除されるであろう。観音妙智の力はあらゆる世間の苦を救ってくださる。観音はあらゆるとき・ところに身を現して、すべての衆生の苦を悉く滅してくださる。衆生であるわれわれも観音の化身となってその慈悲行に与るなら、そこに観音妙智力が働いて無量の福聚を得ることができる」。

『観音経』の説くところはこれに尽きている。来世の救済を説かない。説くのは徹底して「現世利益」である。言わんとするのは、一人ひとりが「観音の化身」となって絶対の慈悲行に励めということである。

この『観音経』の経説はそのまま「フェミニン・リーダーシップ」論に置き換えることができる。図解して示せば次ページ［図23］のようになる。

フェミニン・リーダーは、いわば「観音の化身」であり、「観音妙智力」のこの世への顕現なのである。

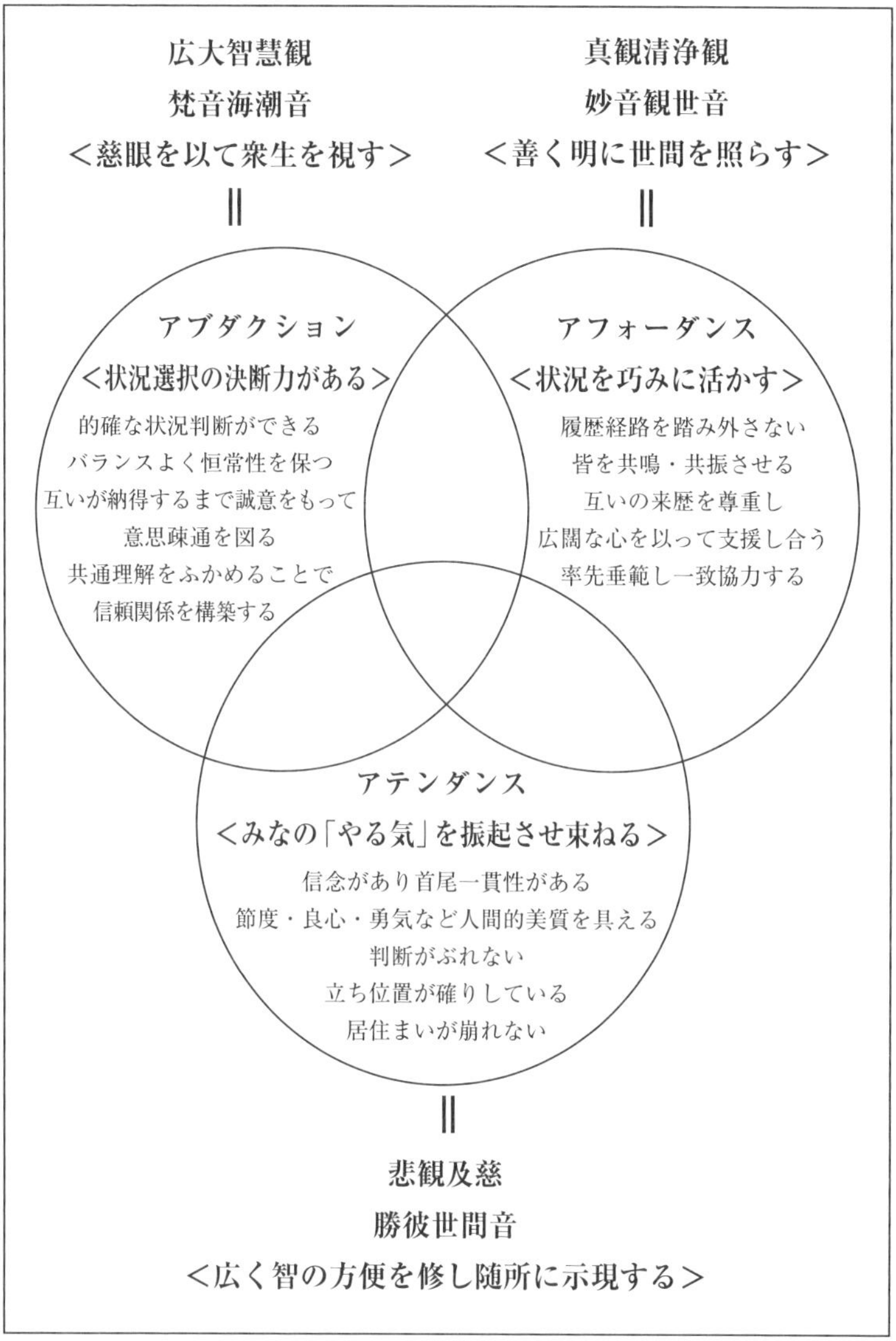
広大智慧観
梵音海潮音
＜慈眼を以て衆生を視す＞
真観清浄観
妙音観世音
＜善く明に世間を照らす＞
アブダクション
＜状況選択の決断力がある＞
的確な状況判断ができる
バランスよく恒常性を保つ
互いが納得するまで誠意をもって
意思疎通を図る
共通理解をふかめることで
信頼関係を構築する
アフォーダンス
＜状況を巧みに活かす＞
履歴経路を踏み外さない
皆を共鳴・共振させる
互いの来歴を尊重し
広闊な心を以って支援し合う
率先垂範し一致協力する
アテンダンス
＜みなの「やる気」を振起させ束ねる＞
信念があり首尾一貫性がある
節度・良心・勇気など人間的美質を具える
判断がぶれない
立ち位置が確りしている
居住まいが崩れない
悲観及慈
勝彼世間音
＜広く智の方便を修し随所に示現する＞

[ 図23 ]

『観音経』を以上のように3局面に整理して理解するのは、天台宗の「空」「仮」「中」の理解と通底する。天台宗の「一心三観」は次のように図解できる。

キリスト教の「父」「子」「聖霊」も同じ構造として理解可能である。

『憲法十七条』の「仏」「法」「僧」についても同様である。

世の宗教や、人心に響く思想はみな同じような構造をもっている。

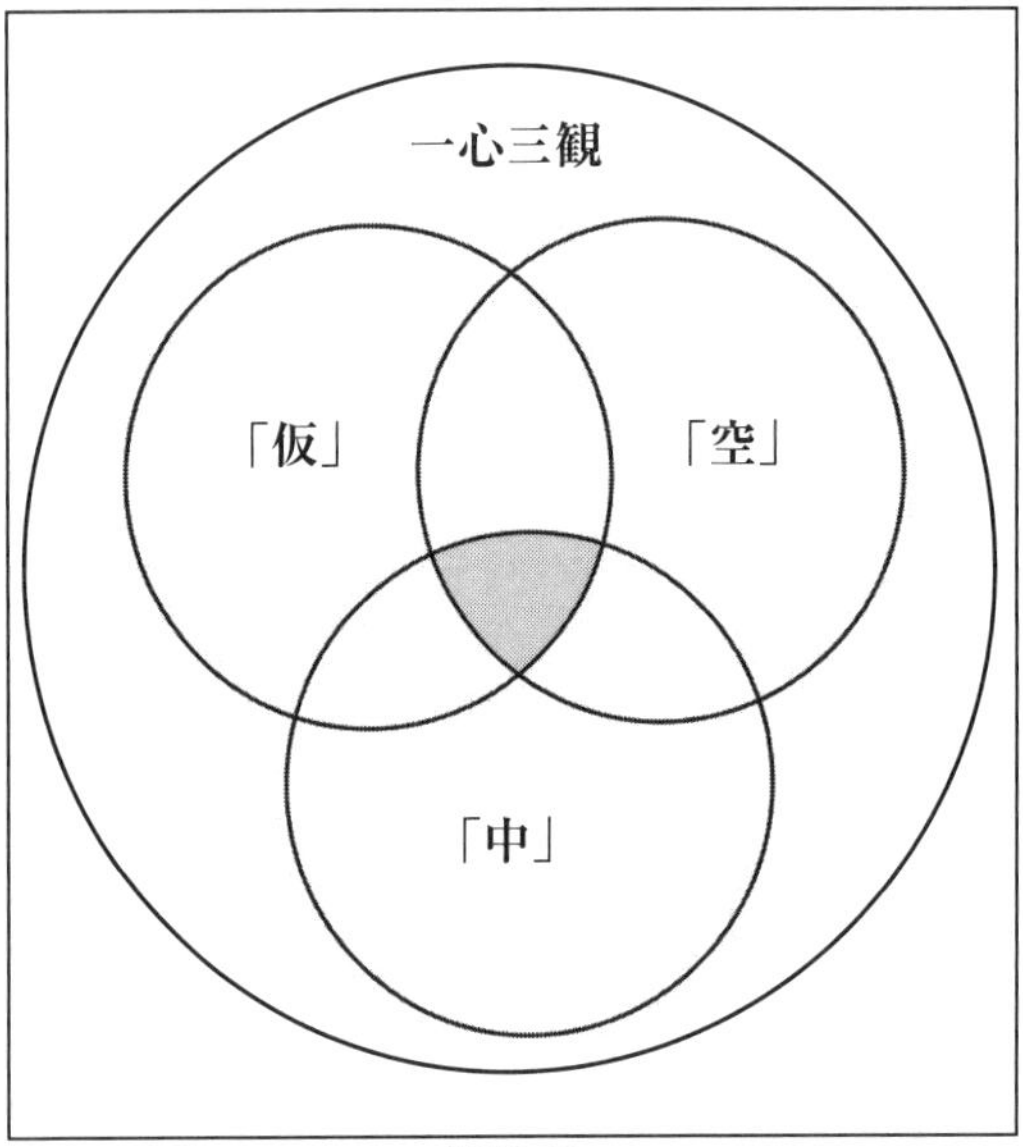


［図24］

＜「空」に悟り、「仮」に閲し（身を開き）、「中」を生きる＞ことは、＜「真観清浄観・妙音観世音」を悟り、「広大智慧観・梵音海潮音」に閲し（身を開き）、「悲観及慈観・勝彼世間音」を生きる」＞ことと通底している。

大妻コタカもそうやって生涯を生きた。

具一切功徳
慈眼視衆生
福聚海無量

＝

一切の功徳を具し
慈悲の目で生徒を見
福聚は海の如く無量
であった。

衆生被困厄
無量苦逼身
能救世間苦

＝

生徒が困っていたり
生徒に危機が迫っていれば
自らが犠牲となって
よくそれを救った。

悲体戒雷震
慈意妙大雲
澍甘露法雨

＝

叱るときは本気で叱るが
慈しみの心は大雲の如く
甘露の雨は生徒
一人ひとりに注がれた。

# おわりに

## 〝やまとをみな〟へのメッセージ

現代人はみなどこかで物質的な豊かさの反面で精神的な貧しさを感じている。市場原理主義に依拠する成長万能主義によってあらゆるところで格差はますます広がりつつある。少子高齢化の進むなか将来の夢も描きにくい。しかしそれを嘆いてばかりはいられない。これまでもわが国は数多くの試練や困難を乗り越えてきたし、破局に遭遇してもそのつど逞しく再生してきた歴史をわれわれは共有している。そのとき、新しい時代とともに歴史の舞台をときには表に立ち、ときには裏役に徹しながら支えてきたのはつねに「やとだましひ」の持主たちである。無名の〝やまとをみな〟たちもその重要な一員であった。戦中・戦後のあの混迷の時代を土性骨で支えたあの母親たちもそうであった。いま、「女性が輝く時代」と言われる中で「輝く」とは何かを真剣に考え、そこへ向けて日々地道な努力を続けているであろう「あなた」もその一人である。

旧弊を打破し価値に転倒をもたらすのはそのような「やまとだましひ」の持ち主たちの時代への挑戦である。ときには〝やまとをみな〟たちの爽やかな拒否・抵抗によって閉塞状態からの脱却方途が見出されることもある。そしていま、「女性が輝く時代」がまさにそれである。それには、社会の側にもそのような〝やまとをみな〟たちの挑戦（ときには拒否・抵抗）を正面から受け容れるだけの覚悟がなくてはならない。いまの社会にその覚悟・度量があるかどうか・・・「やまとだましひ」という言葉はこの社会ではもはや空語になっているのではあるまいか。「女性が輝く時代」とはその「やまとさましひ」をふたたび振起させる時代の到来を意味する。

それには一方で、〝やまとをみな〟の側にも相応の覚悟・度胸が要る。いま、あなたが所属している会社が、あなた自身の生活世界の場として自らを企投するに足らぬと思うなら、あなたはその場から静かに身を引き離したらよい。そういう〝やまとをみな〟が一人でも増えれば会社は自らをあるべき未来に向かって開くための努力を改めてせねばならなくなるだろうから。愛とやさしさこそが人間の究極の価値だという当たり前のことを共感できない人間があなたの周りにいるなら、それがたとえ上司であっても、あなたは彼に対して凛として拒否の姿勢を示してよい。地球規模の大きな課題であろうとも結局はそういう小さな抵抗・拒否からしか始まらないのだから。もし、あなたが格差社会の弊を訴えたいのなら、あなた自身が囚われているかもしれないエゴと幻想を根底から払拭して人間の本当の価値はどこにあるのかを身を以て示すべきである。嘘をつかないという一見平凡なことも本当はそういう難しいことなのだから。少なくとも、あなた自身の心のなかにこれだけは絶対に譲れないという最後の抵抗線をはっきりと引いておくことだ。言訳をしないという人間の最高の美徳もその抵抗線上でしか鍛えられないのだから。懼れる必要はない。これらのことはわが国の歴史の中で勇気ある〝やまとをみな〟たちによってつねに演じられてきたし、現にいまも演じられていることなのだから。これからの社会はそういう「あなた」をこそ双手をあげて迎え入れる社会なのだから。未来はいつも〝やまとをみな〟たる「あなた」とともにある。〝やまとをみな〟は決して古びない。「女性が輝く時代」とはその「あなた」への期待のメッセージなのである。

究極のところ、いまのこの閉塞状態を打破することの責任は企業の方にある。この社会が働き甲斐(生き甲斐)、使命感、生きる意味、働く価値に満ち溢れた場であるためには、その主要メンバーである企業こそがその尖兵の役を担わねばならないのだから。

会社が自分の生涯を賭けるに値する活躍の場として不足に思うなら社員はいつでもその会社を辞めるがよい。事実がそうなら会社には社員を引き止める権利も資格もない。社員がよりよい舞台を求めて転身するのなら、むしろ歓んで応援する度量こそがこれからの会社には求められる。会社は社会の公器であり、社員は社会から託された宝なのだ。どんな会社であっても、一時的にもせよ在籍していたというその事実が社員のキャリア形成にとってプラスにならないようならそもそもそんな会社は存続する価値がない。

しかし、会社も愚かではない。有能な人材をたやすく手放すほどお人好しでもない。舞台が狭すぎると言うのなら会社も何とか土俵を拡げようと努力するだろう。方向が間違っているというのなら舵を切り替えることにも吝かではないはずである。社員の不満や批判は会社をつねに新しくしていくエネルギーの備給源なのだということぐらいどの会社もよく弁えている。社員のいつでも辞めてやるという気迫と、会社のけっしてそうはさせないという気概と、この双方の緊張に充ちた相克の場こそが本来の「やまとだましひ」の場なのである。

〝やまとをみな〟はそこにおいてなくてはならない役を演じるであろう。それが「輝く」ということの真の内実である。

## 【参考文献】


・『紅と紺—日本女性史—』林屋辰三郎／朝日新聞社
・『原始、女性は太陽であった 全四巻』平塚らいてう／大月書店
・『与謝野晶子評論著作集 全二十二巻』内山英夫・香内信子編／龍渓書舎
・『日本女性史』脇田晴子／吉川弘文館
・『ジェンダーと歴史学』J・スコット／平凡社ライブラリー
・『フェミニズムの名著50』江原由美子・金井淑子／平凡社
・『良妻賢母という規範』小山静子／勁草書房
・『よくわかる「現代家族」』榊原文子・杉井潤子・竹田美知編著／ミネルヴァ書房
・『近代家族の成立と終焉』上野千鶴子／岩波書店
・『日本女性史（三一新書）』井上清／三一書房
・『近代家族とジェンダー』／世界思想社
・『ウィニコット著作集 3家族から社会へ』ウィニコット／岩崎学術出版社
・『もうひとつの声』C・ギリガン／川島書店
「性の署名」J・マネー、P・タッカー
「ジェンダーと権力」「マスキュリニティーズ」R・W・コンネル

・『女性解放思想の歩み（岩波新書）』水田珠枝／岩波書店
・『ダイバーシティと女性活躍の推進―グローバル化時代の人材戦略』／財団法人経済産業調査会
・『西田幾多郎の生命哲学』／講談社学術文庫
・『コスモスとアンチコスモス』『意識と本質』井筒俊彦／岩波書店
・『井筒俊彦全集　第五巻　存在顕現の形而上学』／慶應義塾大学出版会
・『井筒俊彦　叡知の哲学』若松英輔／慶應義塾大学出版会
・『神秘哲学』井筒俊彦／中央公論社
・『読むと書く』井筒俊彦／慶應義塾大学出版会
・『祝祭の書物』安藤礼二／文芸春秋社
・『折口信夫』安藤礼二／講談社
・『聖徳太子Ⅱ　憲法十七条』梅原猛／小学館
・『リーダーシップ論』ジョン・P・コッター／ダイヤモンド社
・『マネジャーの実像―マネジメントとリーダーシップについて』ヘンリー・ミンツバーグ／日経BP社
・『非営利組織の経営』ドラッカー／東洋経済新報社
・『ドラッカーのリーダーシップ論』ウイリアム・A・コーン／ランダムハウスジャパン
・『シュンペーター的思考』塩野谷祐一／東洋経済新報社

・『ヴェブレン』宇沢弘文／岩波書店
・『生態学的知覚システム論』ギブソン／東京大学出版会
・『シナジェティクス』ハーケン／シュプリンガー・ヘアラーケン
・『オートポイエーシス』マトゥラーナ、ヴァレラ／国文社
・『アフォーダンスの心理学』エドワード・リード／新曜社

他にも以下を参照。
プリゴジン：『確実性の終焉』『在から発展へ』『複雑性の探求』／みすず書房、ほか
ホワイトヘッド：『科学と近代社会』『自然認識の諸原理』『観念の冒険』／松籟社、『象徴作用』／河出書房新社
マイケル・ポラニー：『暗黙知の次元』／紀伊国屋書店
バーナード：『経営者の役割』／ダイヤモンド社
丸山圭三郎：『ソシュールの思想』／岩波書店、『フェティシュと快楽』／紀伊国屋書店
市川浩：『精神としての身体』／勁草書房、『身体の構造』／青土社、『身体と間身体の社会学』（共著）／岩波書店
相良亨：『日本思想史入門』／ぺりかん社
安田章生：『日本芸術論』／東京創元社

奥野健男；『間の構造』／集英社
南博；『日本人論』／岩波書店、『間の研究―日本人の美的表現』／講談社
吉田善章；『集団現象の数理』『非線形科学入門』／岩波書店
清水博、河本英夫、大沢真幸ほか；『生命とシステムの思想』／岩波書店
吉田民人；『情報と自己組織性の理論』／東京大学出版会
大沢真幸；『身体の比較社会学』／勁草書房
野家啓一；『言語行為の現象学』／勁草書房
中村雄二郎；『述語的世界と制度』／岩波書店
ハイエク；『隷従への道』『ルールと秩序』『社会正義の幻想』『自由人の政治的秩序』／春秋社
イヴァン・イリイチ；『政治的転換』『コンヴィヴィアリティのための道具』／日本エディタースクール出版、『生きる意味』『生きる思想』／藤原書店

この他、逐一書名は挙げないが、吉田和男、野中郁次郎、河合隼雄、中沢新一、山之内靖、西垣通、田坂広志、等々（順不動）各氏の諸著作。

**【著者プロフィール】**

**花村　邦昭（はなむら　くにあき）**

1933年、福岡県生まれ。学校法人大妻学院 顧問。

東京大学経済学部卒業。（株）住友銀行（現三井住友銀行）専務取締役を経て、1991年、（株）日本総合研究所社長に就任。会長を経て現在同社特別顧問。

2007年、学校法人大妻学院常任理事を経て、2008年、理事長に就任、2016年、学長を兼任、2017年より現職。
・著書に『知の経営革命』（東洋経済新報社2000年、日本ナレッジマネジメント学会賞受賞）、『働く女性のための＜リーダーシップ＞講義』（三和書籍2013年）。『女性管理職のための＜リーダーシップ＞セミナー Q&A』（三和書籍2014年）。『女性が輝く時代　女性が「働く」とはどういうことか』（三和書籍2015年）。
・編書に『生命論パラダイムの時代』（ダイヤモンド社1997年、レグルス文庫1998年）。
・電子出版として、
『大妻コタカ　母の原像』

(http://www.ihcs.otsuma.ac.jp/ebook/book.php?id=49)

『大妻良馬の人と思想ー忘私奉公の生涯』

(http://www.ihcs.otsuma.ac.jp/ebook/book.php?id=1)

# 〝やまとをみな〟の女性学
## 女性が輝く時代

2017年　12月　18日　第1版第1刷発行

著　者　花村　邦昭

発行者　高橋 考
発行所　三和書籍
〒112-0013　東京都文京区音羽2-2-2
TEL 03-5395-4630　FAX 03-5395-4632
http://www.sanwa-co.com/
info@sanwa-co.com
印刷所　モリモト印刷株式会社

乱丁、落丁本はお取り替えいたします。価格はカバーに表示してあります。

本書の電子版はブックパブ、グーグル、アマゾンにて購入できます。

ISBN978-4-86251-310-6　C0030